D1825717

この本のしくみ

第1部：指さして使う部分です

7ページからはじまる第1部「本編」は、料理別に、38テーマに分けられています。指さして使うのは、この部分です。

注文のために会話を使う

「これが食べたいです」「これはありますか？」「おすすめは何ですか？」などと、注文の言葉も用意しました。P64の「看板とおいしい店探し」、P70の「調理方法」などもぜひ活用してください。

予算やお店探しのポイント

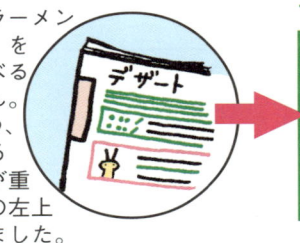

たとえば日本のラーメン屋で「カケソバ」を注文しても、食べることはできません。その料理は、いつ、どこで食べられるのかを知ることが重要です。各項目の左上に情報をまとめました。

一番上に各項目の基礎知識をまとめています

どこで？／その料理を食べられるお店です。専門店でないと食べられない料理もあります。
人数／食べるのに適した人数です。
予算／日本でいえば「ふぐ」のように高いか、「そば」のように安いか、という目安です。★が増えるほど高くなり、最高は★★★★★です。
いつ？／食べられる時間帯をまとめています。

日本語の読みがなで話す

各単語にはできるだけ実際のフランス語の発音に近い読みがながふってあります。まずは声に出してみること。次第に注文できるメニューも増えていきます。

おいしい！
C'est très bon!
"セ トレ ボン"

第2部：さらにフランスの食を知る

第1部の追加説明を中心に、第2部では、フランスの食文化全般を解説しています。店や食習慣の知識を得ることで、フランスでの食事がますます楽しくなります。

第3部、第4部：頼りになる充実の単語集

言葉がさらに必要になったら、単語集を見てください。辞書形式で「和→仏」「仏→和」合計で4000以上の単語をフォローしています。

裏表紙：注文とメモ書きに

折り曲げて持ち歩きやすいように、本書は特別な紙を選んで使っています。また、裏表紙は、水性ペンを使うと、何度でもメモ書きに使えます。さらにはよく使う言葉も掲載しているので、さらに使いやすくなるように工夫しています。

①フランス料理入門に最適

Très bonne initiation à la cuisine française

有名なエスカルゴやフォアグラはもちろん、ディープなメニューまで、フランス料理を堪能できる料理名や基礎知識をわかりやすくまとめています。

②選びがいのある豊富なメニュー

Présentation d'une grande variété de plats

一度の滞在で食事する回数は限られるもの。だからこそ、好みのものを食べたいですね。本書なら豊富なメニューの中からお好みの料理がたくさん見つかります。

③「指さし式」だから簡単に注文できる

Commander facilement grâce aux images et traductions

定評ある「指さし」式ですから注文も"指さす"だけ。語学嫌いのあなたでも問題ありません。ガイドブックなどでは見当たらない料理も、確実に注文することができるのです。

④「ふつうのごはん」が食べられる

Plats de la vie quotidienne

高級レストランの料理はおいしい一方、それだけではすぐに飽きてしまうもの。でも、フランスの人が毎日食べている料理は簡単には飽きません。本書はそんなメニューも満載しています。

⑤楽しい食事ができる

Manger sympa !

この本はフランス人が見ても楽しめるように、いろいろな工夫をしています。お店の人や同席した人とも、本を開けば話が弾みます。おいしい食事は楽しい出会いから、ですね。

◎P6の「親愛なるフランスのみなさまへ」を読んでもらえば、この本の考え方が伝わり、より会話はスムーズになります。

食べる指さし会話帳 ⑥ フランス
宮方由佳・著

目次

この本の使い方とヒント

　海外旅行での食事というと、楽しみな反面、わからないことだらけですね。どんな料理があるのかもわからないし、せっかく頼んだ注文が間違って伝わるのもよくあること。結局、毎日同じ店にばかり通い、同じものばかり食べていた……。

　そんな経験はありませんか？

　このシリーズはせっかくのチャンスに、おいしい料理を堪能できるように、さまざまな工夫をしていますが、うまく使うにはいくつかのポイントがあります。

　ぜひ、以下の項目を試してみてください。「指さし会話帳」は、思い切って使う人には、とても大きな力を貸してくれます。

　その国の料理を食べたい、と熱心に話す人はかならず歓迎されます。楽しく、いつまでも忘れられないような食事ができるようにご健闘をお祈りします。

①指さしながら大きな声で注文する

本書は、会話文や料理名を指さしながら、読みがなを発音して使います。指さすだけで通じることもたしかですが、声を出すことはとても重要です。はじめてフランスの言葉を話すみなさんの発音は、相手にはメチャクチャなものに聞こえますが、「その料理を食べたい」という気持ちは確実に伝わります。

②相手にもこの本を見てもらう

相手にもこの本を見てもらうことで、そのお店のおすすめ料理や、おいしい調理法を教えてもらったりすることができます。万が一、そのとき食べたい料理が見つからないときでも、P56〜63「食材」や、P70「調理法と食器」などを活用すれば、思うような料理を注文するのに役立つはずです。

③全体を頭に入れておこう

この本でとりあげた料理は、すべての街で、いつでもめぐり会えるわけではありません。その存在を知らなければ素通りしてしまう料理があるかしれません。本全体をある程度頭に入れておくことで、街での発見は飛躍的に増えます。どんな料理があるのか、見ておきましょう。

④「旅の指さし会話帳」も一緒に使う

この本を持っていると、フランス人がいろんなことを話しかけてくるはずです。そんなときに『旅の指さし会話帳』シリーズの「17.フランス」や、その姉妹編でもある『恋する指さし会話帳』の「2.フランス」を持っていれば、幅広い話題を話すことができます。いろんなことを話して友だちになったら、また新たな食の世界がはじまるはずです。

Chers amis français,

 Il y a de nombreuses raisons pour voyager en France. Mais ce qui attire la plupart des gens, c'est leur gourmandise. Pourtant, devant la carte ou le menu écrit en français et la description de ces mets inhabituels, beaucoup hésitent à choisir. Ce livre est justement destiné à aider les timides et les indécis.

 Souhaitons, chers amis français, que vous ferez partager votre fierté culinaire à mes compatriotes et que vous les aiderez à passer un inoubliable moment dans votre beau pays.

Yuka Miyakata

親愛なるフランスのみなさまへ

　フランスを旅する目的はいくつもありますが、その中でも多くの人が楽しみにしているのが、フランスのグルメを存分に味わうことです。けれど実は、慣れないフランス語のメニューや未知の食材を前にして、何を食べよう、どうやって注文しよう、と悩んでしまうこともたびたび。この本は、そうした人たちが、フランスの食事を不自由なく食べられるように、という願いをこめて作った本です。

　どうぞ、フランスの皆さんが「おいしい」と思うもの、誇りに思っている食べ物をこの本の読者に伝えてあげてください。そしてすてきな旅の思い出が作れるよう、少しだけお手伝いをお願いします。

宮方由佳

「食べる指さし会話帳」本編

Manger : désigner et converser

日本
Le Japon
ル　ジャポン

フランス
La France
ラ　フランス

フランス料理
La cuisine française
ラ　キュイジーヌ　フランセーズ

おいしい!
C'est très bon!
セ　トレ　ボン

有名料理｜一番人気｜ママンの味｜地方料理｜飲み物・間食｜特別料理｜食材｜店と注文｜その他

フランス・食の世界 gourmandise
グルモンディーズ

フランスは自他ともに認めるグルメの国。高級な素材を使った伝統的フレンチから地方料理、外国料理まで、美食の世界は幅広い

どこで？／レストランなど　人数／1人〜
予算／安★★★☆☆高　いつ？／一日中

フランスで世界のグルメを堪能したい！
Je voudrais profiter d'une cuisine internationale
ジュヴドレ　プロフィテ　デュヌ　キュイジーヌ　アンテルナショナル

おいしいお店を教えてください
Pourriez-vous m'indiquer de bonnes adresses ?
プリエヴ　マンディケ　ドゥ　ボンヌ　アドレス

〜を食べたいです
Je voudrais manger 〜
ジュヴドレ　モンジェ　〜

フレンチ

cuisine française
キュイジーヌ
フランセーズ

フランス料理

→P10

味や素材はもちろん、盛り付けまで工夫をこらしているのがフランス料理。その世界は奥深い

pain / pâtisserie
パン
パティスリー

パン／お菓子類

→P18、20、42、44

フランス料理のもうひとつの顔とも言えるパンとお菓子類。手軽に安く堪能できるフランスグルメだ

crêpe
クレープ

クレープ

→P42

フランス人も大好きなクレープとガレット。その具のバリエーションには驚くばかり

vin
ヴァン

ワイン

→P22

ボルドー、ブルゴーニュ、シャンパーニュ、すべての銘酒がフランスに集まっている

fromage
フロマージュ

チーズ

→P24

日本にもすっかり浸透したチーズだが、その種類とフレッシュさは格別。ぜひ本場のチーズを味わってみよう

chocolat
ショコラ

チョコレート

→P44

カカオが濃く、甘みも濃厚なフランスのチョコレートは一度食べるとやみつきになる

有名料理

gourmandise

地方料理

Nord-Ouest
ノール　ウエスト

北西地方

海の幸で知られるブルターニュや豊かな農耕地ノルマンディー。フランス人、とくにパリジャンが食を楽しみにバカンスに訪れる地方　→P32

Nord-Est
ノール　エスト

北東地方

アルザスやロレーヌを中心とする北東地方。ドイツやベルギーに近いためか独自の食文化が発達している　→P34

Centre
ソントル

中央

食の都リヨンの伝統料理をはじめ、アルプスが育んだ滋味溢れる料理など、食の楽しみがいっぱい　→P36

Sud
シュド

南仏

豊かな太陽と豊富な魚介類。トマトやハーブを使った料理で知られている　→P38

フランスならではの世界料理

Afrique du Nord
アフリック　デュ　ノール

北アフリカ料理

モロッコ、チュニジア、アルジェリアの3国からの移民がとくに多いフランス。料理はクスクスが知られている　→P46、48

tagine
タジヌ

肉や野菜の煮込み

タジヌという三角のふたのついた器でじっくりと蒸しあげる。スムール（クスクスの粒）と一緒に食べる

Grec / Turc
グレック／テュルク

ギリシャ／トルコ料理

どこの街角にもかならず数軒は見つかるギリシャ、トルコ料理の店。安価でボリュームがある

sandwich grec
サンドウィッチ　グレック

ギリシャ風サンドウィッチ

ケバブサンドとも呼ばれる。揚げたてのポテトフライをつければ、もうお腹はいっぱいになる　→P50

Liban / Juif
リバン／ジュイフ

レバノン／ユダヤ料理

多種多様な前菜が楽しいレバノンレストランは最近人気急上昇

falafel
ファラフェル

揚げたひよこ豆

揚げたての豆は薄いパン、野菜と一緒に食べる　→P52

Asie
アジー

アジア料理

東南アジア系や中国人の経営するレストランが多く、中国、ベトナム、チベットなどさまざまな国の料理が一度に味わえる店もある

nem
ネム

揚げ春巻き

ベトナムの揚げ春巻きはフランス人にも大人気。近頃はスーパーのお惣菜売場でも売られている　→P54

フランス・食の世界

有名料理｜一番人気｜ママンの味｜地方料理｜飲み物｜軽食｜特別料理｜食材｜店と注文｜その他

究極のフレンチ

spécialités françaises
スペシャリテ　フランセーズ

フランス料理といってまっ先に思い浮かべるのはなんだろうか？　フォアグラ、エスカルゴ、ジビエ（野獣料理）など、フランスならではの食材を使った究極のフレンチを集めた

どこで？／レストランなど　人数／2人〜
予算／安★★★★★高　いつ？／主に夜

Je voudrais manger 〜
ジュヴドレ　モンジェ　〜
〜が食べたいです

La carte s'il vous plaît
ラ　カルト　シルヴプレ
メニューをお願いします

foie gras
フォアグラ

フォアグラ

ガチョウやカモの肝臓を太らせて作る世界の三大珍味。トーストやいちじくのジャムと一緒に食べる

escargot
エスカルゴ

エスカルゴ

「かたつむり食い」とあだ名されるほどフランス人の大好きな食材。にんにくバターが美味

terrine de foie gras aux truffes
テリーヌ　ドゥ　フォアグラ　オ　トリュフ

フォアグラとトリュフのテリーヌ

トリュフとフォアグラという素材を使った最高のぜいたく。高級惣菜店などでも少ない単位で買える

truffe
トリュフ

トリュフ

希少価値のあるトリュフ。オムレツやステーキソースなどにしてその芳醇な薫りを楽しむ

terrine de porc aux pistaches
テリーヌ　ドゥ　ポルオ　ピスタッシュ

豚肉のテリーヌピスタチオ入り

自家製テリーヌはどこのレストランにもある定番

assiette de saumons fumés
アシエット　ドゥサーモン　フュメ

スモークサーモン盛り合わせ

彩りも美しいスモークサーモンはよく使われる食材。脂がのっている

rouleau de jambon de canard au foie gras
ルーロー　ドゥ　ジャンボン　ドゥ　カナールオ　フォアグラ

カモ肉のハムとフォアグラ包み

脂たっぷりのカモ肉とフォアグラをくるりと巻いた美しい前菜

filet de boeuf à la sauce poivre
フォレ　ドゥ　ブッフアラ　ソース　ポワヴル

牛フィレ肉のこしょうソース

やわらかいフィレ肉はシンプルなこしょうソースでいただく

chevreuil à la sauce poivre
シュヴルユ　アラ　ソース　ポワヴル

シカ肉のこしょうソース

秋の狩猟シーズンになると、シカやカモ、うさぎ、きじといったジビエ（野獣料理）がメニューに登場する

canard à l'orange
カナール　ア　ロランジュ

カモのオレンジソース

オレンジの力でカモ肉がとろけるほどやわらかくなる

狩猟の季節に味わえるジビエ（野獣）料理。マルシェや肉屋の店頭には、ウサギやきじなどの屍体が店頭に所狭しと吊り下げられ、はじめて見るときにはギョッとしてしまう

confit de lapin
コンフィ　ドゥ　ラパン

うさぎのコンフィ

脂でじっくりと加熱するコンフィは、素材の旨味を存分に引き出す料理法

boeuf bourguignon
ブッフ　ブルギニョン

牛肉の赤ワイン煮

ブルゴーニュワインをふんだんに使ってやわらかく煮た牛肉が絶品

pâté en croûte
パテ　オン　クルート

豚肉パテのパイ皮包み

さくさくとしたパイ皮とやわらかな肉のハーモニーが絶妙

millefeuille d'écrevisse
ミルフォイユ　デクレヴィス

ザリガニのアヴォカドミルフィーユ仕立て

ザリガニも広く使われる食材。エビに似た繊細な味わい

soupe à l'oignon gratinée
スープ　ア　ロニオン　グラティネ

オニオングラタンスープ

寒い冬の日にフーフーいいながら食べるのが最高

bisque de homard
ビスク　ドマール

オマール海老のビスク

本来ビスクとは、オマール海老をすりつぶして作る。写真はそれを加熱し固めたもの

assiette de fromages
アシエット　ドゥ　フロマージュ

チーズの盛り合わせ

メイン料理の後に、ワインと味わうチーズは至福の味

mi-cuit au chocolat
ミキュイ　オ　ショコラ

少しだけ加熱したチョコケーキ

濃厚なショコラがたっぷりと溶け出す。フランスに来たからにはチョコレート系のデザートをぜひ試したい

魚料理 poisson
ポワッソン

レストランでセットメニューを注文すると、メインはたいてい肉か魚の選択になる。魚の名前を理解するのは難しいが、ムニエルやワイン蒸しなど、フランス料理ならではの魚料理をぜひ試してほしい。

どこで？／レストランなど	人数／1人〜
予算／安★★★☆☆高	いつ？／1日中

（本書を指さして）　これはありますか？
Avez-vous ça ?
アヴェヴ　サ

メニューをお願いします
La carte s'il vous plaît
ラ　カルト　シルヴプレ

tournedos de saumon
トゥルヌド　ドゥ　ソーモン

鮭のベーコン巻きグリル

フランス料理でもよく使われる鮭。ベーコンでコクをつけている

saumon au porto
ソーモン　オ　ポルト

鮭のポルトソース

ポルトガルの甘口ワイン「ポルト」の風味を生かしたソース

filet de sandre sauce citron vert
フィレドゥ　サンドル　ソース　シトロン　ヴェール

ホソスズキのライムソース

スズキの一種であるサンドルはよく使われる白身の魚

filet de sandre
フィレドゥ　サンドル

ホソスズキのロースト

クセがなく、身が肉厚のサンドルをシンプルにローストで

truite aux amandes
トリュイト　オ　ザモンド

ますのアーモンドソース

ますとアーモンドは定番の組み合わせ。白ワインでソテーする

daurade au vin blanc
ドラド　オ　ヴァンブロン

たいの白ワインソース

白ワインをたっぷり使ったグリル

sole ソル 舌平目	maquereau マクロー サバ	raie レイエ エイ	bar バール スズキ
thon トン マグロ	turbot テュルボ 平目	anguille アンギーユ うなぎ	brochet ブロシェ 川かます

有名料理

poisson

今日の魚料理は何ですか？

Qu'est-ce que c'est le poisson d'aujourd'hui ?

ケスクセ　ル　ポワッソン　ドゥジュルデュイ

秋から冬にかけてのシーズンはレストランなどの店頭にかき専門の売り子があらわれる。注文すると見事な手さばきでカラを開けてくれる

perche sauce balsamique
ペルシュ　ソース　バルサミク

パーチのバルサミコソース

バルサミコの豊かな香りがソースに生かされた一品

rouget sauce potiron
ルージェ　ソース　ポティロン

かさごのカボチャソース

カボチャでクリーミーに仕上げたソース

rouget sauce pistou
ルージェ　ソース　ピストゥ

ルージェのピストゥソース

赤い淡水魚全般をrougetと総称する。ピストゥとはバジルで作るソース

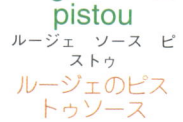

lieu à la marseillaise
リウ　アラ　マルセイエーズ

タラのマルセイユ風

トマトや刻んだ野菜などが入った南仏風の魚料理

feuilleté d'écrevisse
フォイエッテ　デクルヴィス

ざりがにのパイ包み

エクルヴィス（ざりがに）もひんぱんに使われる食材

huîtres en tartare
ユイットル　オン　タルタル

かきのタルタル風

かきは生で食べることが多い。シーズンには頻繁にメニューに登場する

filet de haddock
フィレ　ドゥ　ハドック

ハドックのグリル

塩漬けにされたハドック（タラ類）は牛乳などで煮て塩気をやわらげる。家庭的なメニュー

terrine de saumon
テリーヌ　ドゥ　ソーモン

鮭のテリーヌ

テリーヌ型を使った料理を一般にテリーヌと呼ぶ。肉だけではなく魚にも使われる。前菜にぴったり

moule marinière
ムール　マリニエール

ムール貝の白ワイン蒸し

ムール貝はフランスの冬の味覚。ポテトフライなどとともにどうぞ

sardine à l'huile
サーディン　ア　リュイル

オイルサーディン

カナッペなどにのせてもおいしい惣菜メニューのひとつ

coquilles Saint-Jacques
コキーユ　サンジャック

ホタテ貝

homard
オマール

オマール海老

langouste
ラングスト

伊勢えび

crevette
クルヴェット

えび

野菜料理 légumes cuisinés
レギューム　キュイジネ

ポトフなどの煮込み料理をはじめ、グラタン、ファルシ（詰め物）など、野菜料理のバラエティには驚くばかり。アーティチョークなどフランスならではの食材を使った一品もぜひ味わいたい

どこで？／レストランなど	人数／2人〜
予算／安★★☆☆☆高	いつ？／一日中

（本書を指さして）
これはありますか？
Avez-vous ça ?
アヴェヴ　サ

はい、あります
Oui, on en a
ウイ　オンノンナ

いいえ、ありません
Non, on n'en a pas
ノン　オンノンナパ

pot au feu
ポトフ

ポトフ

たっぷりの野菜と骨付き肉などを煮込んだポトフは冬の定番。身体の芯からあたたまる

ratatouille
ラタトゥイユ

ラタトウユ

トマトをはじめ、なすやピーマンをくたくたに煮た定番メニュー。素朴なおいしさ

gratin dauphinois
グラタン　ドーフィノワ

じゃがいものグラタン

チーズをたっぷりと使って焼き上げた、アルプス生まれのグラタン

tomates farcies
トマト　ファルシ

トマトの詰め物

ファルシとは詰め物をして焼いたり煮たりした料理のこと。トマトのうまみが凝縮されている

hachis parmentier
アッシ　パルモンティエ

ひき肉とマッシュポテトの重ね焼き

やわらかくクリーミーなじゃがいもが絶品。ビストロ料理の定番

gratin de poireau
グラタン　ドゥ　ポワロー

ポワローネギグラタン

やわらかくなったネギが一番のごちそう。乳製品のおいしいフランスではもちろんグラタンもおいしい

poivrons farcis
ポワヴロン　ファルシ

ピーマンの詰め物

肉厚のピーマンをじっくり焼き上げたファルシは、やさしくどこか懐かしい味

tomate mozzarella
トマト　モッツアレラ

トマトとモッツアレラチーズ

トマトの赤、モッツアレラの白の彩りも美しい。イタリアンでおなじみだが、フランス料理でも前菜として浸透

pommes de terre au roquefort

ポムドテール オ ロックフォール

じゃがいものロックフォール

フランス名産の青かびチーズ、ロックフォールを使った料理

crumble carotte

クランブル キャロット

にんじんのクランブル

バターと小麦粉で焼き上げるクランブルはデザートでおなじみだが、野菜を使って前菜やメインとして食べることも

salade de foie de volaille

サラ ドゥ フォア ドゥ ヴォライユ

とり内臓ソテーのサラダ

多様なサラダのバリエーションの中でも定番なのが、砂肝などのソテーをたっぷりのせたもの

gâteau aux courgettes

ガトー オ クルジェット

ズッキーニのお菓子風

お菓子風といっても甘いわけではなく、パウンドケーキのように四角く焼き上げたもの。さまざまな野菜で応用できる

cornichons

コルニション

ピクルス

実が大ぶりで味が濃くおいしいピクルス。自家製のものに出会えたらぜひ味わってほしい

salade bergère

サラドゥ ベルジェール

羊飼い風サラダ

山羊のチーズ、フェタをたっぷりのせたサラダ

cassolette de légume

カスレット ドゥ レギューム

野菜のカスレット焼き

カスレットとは料理用の小さな耐熱皿のこと。オープンで香ばしく焼く

feuilleté de poireau façon normande

フォイエテ ドゥ ポワロー ファッソン ノルマンドゥ

ポワローネギパイ包み焼きノルマンディ風

ノルマンディ風は生クリームを使ったソース。パイのさくさく感とのハーモニーがたまらない

salade de fruits de mer

サラ ドゥ フリュイ ドゥ メール

海の幸のサラダ

海の幸をたっぷりと使ったサラダ。シーフードレストランや海沿いの町などでぜひ味わおう

salade de raviolis au fromage

サラドゥ ラヴィオリ オ フロマージュ

ラヴィオリのサラダ

ラヴィオリをのせたり砂肝を加えたりと、フランスのサラダはボリューム満点。もりもり食べよう

salade de coeurs de palmier

サラドゥ クール ドゥ パルミエ

ヤシの芽の芯のミモザサラダ

独特の風味のあるヤシの芽。見かけたらぜひ挑戦してみよう

coeurs d'artichauts mimosa

クール ダルティショー ミモザ

アーティチョークのミモザサラダ

ゆで卵の黄身を散らしたミモザサラダは色合いも美しい

肉料理 viandes
ヴィヤンド

肉料理はフレンチの代表選手。牛、とり、豚をはじめ、仔羊やうずらなどさまざまな肉が食べられる。工夫を
こらしたソースとともにフランス料理の真髄を味わってほしい

どこで？／レストランなど　人数／1人〜	
予算／安★★★☆☆高　いつ？／一日中	

（本書を指さして）
これはありますか？
Avez-vous ça ?
アヴェヴ　サ

はい、あります
Oui, on en a
ウイ　オンノンナ

いいえ、ありません
Non, on n'en a pas
ノン　オンノンナ　パ

steak frites
ステーク　フリット

ステーキの
フライドポテト添え

定番の組み合わせ。一番多く
の人々に食べられているメ
ニューかもしれない

escalope de veau cordon bleu
エスカロップ　ドゥ
ヴォー　コルドンブルー

仔牛の薄切り肉
カツレツ風

チーズをはさんで焼いた、誰
にでも好まれる一品

boeuf aux olives
ブッフ　オーゾリーヴ

牛肉のオリーブ
煮込み

牛肉をやわらかくなるまで煮
込んだ典型的なビストロ、カ
フェメニュー

tartare de boeuf au couteau
タルタル　ドゥ
ブッフ　オ　クトー

タルタルステーキ

生肉をたたいてケッパーほか
香味野菜をまぜる。肉の良し
悪しがわかる

onglet de boeuf aux échalotes
オングレ　ドゥ　ブッ
フ　オ　エシャロット

牛肉の
エシャロットステーキ

オングレとは牛の横隔膜の筋肉
部のこと。ステーキ用の上肉

escalope de veau panée milanaise
エスカロップ　ドゥ
ヴォー　パネ　ミラネイズ

仔牛薄切り肉の
ミラノ風

日本の洋食屋でも見かける
カツレツ風

poulet aux épices
プレ　オ　ゼピス

とり肉の
スパイス焼き

フランスのとり肉は身がし
まって肉らしい味がする。カ
レー粉などのスパイスが効い
ている

escalope de volaille à la normande
エスカロップ　ドゥ　ヴォライユ
ア　ラ　ノルマンド

とり肉の薄切り肉
ノルマンディー風

クリームたっぷりノルマン
ディー風でやさしい味わい

confit de canard
コンフィ　ドゥ　カナール

カモのコンフィ

コンフィとは脂で長時間加熱し長く保存できるようにしたもの。肉がとろりとやわらかくなって美味

filet de canard à l'orange
フィレ　ドゥ　カナール　ア　ロランジュ

カモフィレ肉のオレンジソース

カモとオレンジのほのかな甘いソースは永遠の組み合わせ

caille rôtie
カイユ　ロッティ

うずら肉のグリル

くせがなく食べやすいうずらは日常的によく使われる

andouillette grillée sauce mourtarde
アンドウイエット　グリエ　ソース　ムルタール

アンドウイエットのグリルマスタードソース

内臓の詰め物アンドウイエットは少し匂いがあるがフランス独特の食材

boudin aux oignons purée
ブーダン　オ　ゾニオン　ピュレ

ブーダンのオニオンピューレ添え

豚の血を詰めたブーダンもフランスならではの食べ物。見た目ほど味はクセがない

pied de cochon grillé
ピエ　ドゥ　コション　グリエ

豚足のグリル

豚足はフランスでも比較的めずらしい。脂タップリ

poulet rôti
プレ　ロッティ

とりの丸焼き

フランスの肉屋の店頭ではこのように丸焼き用のグリルマシーンがある。食欲をそそる香り

coq au vin
コック　オ　ヴァン

とりのワイン煮

赤ワインをたっぷりと使ってじっくり煮あげる。肉はとろりとやわらかい

mousse de canard
ムース　ドゥ　カナール

カモのムース

ポルト酒をきかせたとろりとやわらかなムースは前菜にぴったり

tripe
トリップ

豚の内臓の煮込み

フランス版もつ煮は、フランス北西部の町カーンの名物料理

epigramme d'agneau et rizotto
エビグラム　ダニョー　エ　リゾット

仔羊のソテーリゾット添え

仔羊はやわらかくクセがない肉。羊が苦手という人でも大丈夫

agneau grillé aux herbes
アニョー　グリエ　オ　ゼルブ

仔羊のハーブ焼き

セージなどのハーブの香りで肉のくさみを消している

ステーキの焼き加減	レア saignant セニャン	ミディアムレア à point ア　ポワン	ウェルダン bien cuit ビヤン　キュイ

有名料理 | 一番人気 | マ マンの味 | 地方料理 | 飲み物・間食 | 特別料理 | 食材 | 店と注文 | その他

デザート dessert
デセール

たっぷりの食事の後だって、フランス料理の締めくくりにデザートは欠かせない。日本でもおなじみのデザートから創作系デザートまで、体重は気にせずに食べ尽くそう！

どこで？／レストランやパティスリー（菓子店）など　人数／1人〜
予算／安★☆☆☆☆高　いつ？／一日中

（本書を指さして）
これが食べたいです
Je voudrais manger ça
ジュヴドレ　マンジェ　サ

1（個）	un / une アン / ユヌ	2（個）	deux ドゥー
3（個）	trois トロワ	4（個）	quatre キャトル

île flottante
イル　フロッタント
卵白とカスタードのデザート

カスタードクリームに浮いた卵白が島（île）に似ていることからこの名前がついた

crème brûlée
クレーム　ブリュレ
クリームブリュレ

日本でもおなじみのデザートだが、牛乳などの素材がおいしいフランスでは格別

millefeuille
ミルフォイユ
ミルフィーユ

日本風の発音をすると通じない。フォイユとしっかり発音しよう

éclair
エクレール
エクレア

シンプルなデザートだからこそ、おいしい店とそうでない店の違いが大きく出る

Paris-Brest
パリブレスト
シュークリームの一種

どこにでもあるというわけではないので、見かけたら試してほしい

religieuse
ロリジウーズ
シュークリームを2つ重ねたもの

「修道女」という名のシュークリーム変型版

crème caramel
クレーム　キャラメル
プリン

ビストロ（定食屋）のデザート定番メニュー

mousse au chocolat
ムース　オ　ショコラ
ムースオショコラ

チョコの味の濃厚なムースはやみつきになるうまさ

meringue
ムラング
卵白でできた砂糖菓子

どこのパン屋にもおいてあるふわふわとした砂糖菓子

glace
グラス
アイスクリーム

シャーベットならsorbet（ソルベ）。夏はみんな歩きながら食べている

バニラ **vanille** バニラ	チョコレート **chocolat** ショコラ	カシス **cassis** カシス
ピスタチオ **pistache** ピスタッシュ	ヌガー **nougat** ヌガ	洋梨 **poire** ポワール

profiterole
プロフィトロール

シュークリームの
チョコがけ

クリーム入りのシューの上から熱いチョコレートをかけたもの

フランス人は老若男女問わず甘いものが
大好き。おじさんたちが真剣な顔でデザー
トを吟味している姿もよく見かける

本日の
オススメは
モンリー
タルトです

montblanc
モンブラン

モンブラン

日本にも支店がある『アンジェリーナ』のものが有名

croquant
de
pomme
クロッカン ドゥ ポム

リンゴのパイ包み

クロッカンとは、パリパリ、さくさくの音を表わす言葉

brownie
ブラウニー

ブラウニー

チョコが濃厚で、1個食べるとかなりの
満足感がある

cannelé
カヌレ

カヌレ

ボルドー生まれだが、各地で食べられる
メジャーなデザート

gâteau au chocolat
ガトー オ ショコラ

ガトーショコラ

定番中の定番。自分なりのレシピを持っ
ているフランス人も多い

bûche de Noël
ビュッシュ ド ノエル

ブッシュ
ド
ノエル

クリスマス以外の時期はほとんど見かけない

chocolat ganache
ショコラ ガナッシュ

チョコレート
ケーキ

日本のチョコレートケーキに近い。店に
よってさまざまな名前がついている

prune au vin
プリュヌ オ ヴァン

プルーンの
ワイン漬け

プルーンはお菓子をはじめ、肉料理な
どにもよく使われる食材

tarte au citron
タルト オ シトロン

レモンタルト

レモンのさわやかな香りが口いっぱいに広がる

gâteau aux fraises
ガトー オー フレーズ

いちごケーキ

冬、とくにクリスマスによく見かけるデザート

tarte aux fruits des bois
タルト オ フリュイ デ ボワ

ベリーのタルト

収穫の季節にママが焼いてくれる、と
いったイメージの家庭的デザート

デザート

一番人気

ママンの味

地方料理

飲み物・間食

特別料理

食材

店と注文

その他

パン

pain
パン

パリパリとしたバゲット、バターの香り豊かなクロワッサンをはじめ、フランスには世界に誇るおいしいパンがいっぱい。製法や素材にこだわったパン屋さんも多く、自分のお気に入りのお店を開拓する楽しみもある

どこで？／パン屋さん	人数／1人〜
予算／安★☆☆☆☆高	いつ？／一日中

有名料理　一番人気

pain

バゲットを1本ください **Une baguette s'il vous plaît** ユヌ　バゲット　シルヴプレ	バゲットを半分ください **Une demi-baguette s'il vous plaît** ユヌ　ドゥミ　バゲット　シルヴプレ

baguette
バゲット

フランスパン

皮はパリッと香ばしく、中はふわふわ。焼き立てが格別。サイズや価格が統一されていて、日本のものよりかなり長く、1本70サンチームくらい

panier de pain
パニエ　ドゥ　パン

バゲットが入ったかご

レストランでは、かならずこうした器に入ってバゲットがサーブされる。パンは無料でおかわりも可。ただしおかわりを頼むときは、バゲットとは言わず、「ドゥ パン シルヴプレ」と頼む

ficelle
フィセル

細長いフランスパン

バゲットより細長くひと回り小さい

baguette pavot
バゲット　パヴォ

けしの実入りフランスパン

けしの実が香ばしいバゲット。このほかごまやオリーブ入りなどさまざまなバリエーションがある

pain de campagne
パン　ドゥ　カンパーニュ

田舎風パン

バゲットと並んで人気のカントリーパンは素朴な味わい

pain au son
パン　オ　ソン

ふすま入りパン

食物繊維タップリでヘルシー。日常的に食べられている

pain au céréales
パン　オ　セレアル

シリアル入りパン

胚芽などがたっぷり入って歯ごたえも楽しめる

pain boule
パン　ブル

丸型パン

大きくどっしりとした田舎風のパン。日持ちする

brioche
ブリオッシュ

ブリオッシュ

フランスのおいしいバターと卵をたっぷり使っているのでおいしくないはずがない。ほんのりやさしい甘み

fougasse
フガッス

フォカッチャ

イタリアのパン、フォカッチャはもちもちした食感がたまらない

polka
ポルカ

平らなパン

ちょっとめずらしい大きなパン。サンドウィッチなどに使われる

petit pain
プチ　パン

ミニパン

ベーコン入り、けしの実入りなどさまざまな種類がある。おやつにもぴったり

スライスしてください
En tranches s'il vous plaît
オン　トランシュ　シルヴプレ

包んでもらえますか？
Pourriez-vous l'emballer?
プリエヴ　ロンバレ

パン屋さんでバゲットを買うとき、あまりに長過ぎるのか、袋に入れてもらえない。そのため長いまま手に持って歩くことになるのだけれど、先っぽをかじりながら歩いている人もよく見かける

croissant
クロワッサン
クロワッサン

バターがたっぷりきいた本場のクロワッサンはぜひ味わってほしいもののひとつ

croissant aux amandes
クロワッサン　オ　ザモンド
アーモンド入り
クロワッサン

アーモンドペーストなどが入ったクロワッサン。しっとり濃厚な甘さはお腹いっぱいになる

croque-monsieur
クロックムッシュー
クロックムッシュー

ハムとチーズをはさんで焼き上げたのがクロックムッシュー、卵が加わったのがクロックマダム。ブランチの定番

pain au chocolat
パン　オ　ショコラ
チョコレート入り
パン

さくさくとしたパイ風の生地にチョコレートが入った、どこのパン屋でも見かけるおやつパン

brioche sucrée
ブリオッシュ　シュクレ
砂糖がけ
ブリオッシュ

粒状の砂糖がかかったほんのりとした甘みがやさしいパン

chausson aux pommes
ショソン　オ　ポム
りんごパイ

さくさくの外側ととろりとしたりんごのハーモニーが絶妙

chouquettes
シューケット
砂糖がけシュー

シュークリームのクリームなし、といった感じ。定番のおやつ

viennoise
ヴェノワーズ
ウィーン風パン

やや甘みのあるブリオッシュに似た生地のパン。チョコ入りも人気

pain aux raisins
パン　オ　レザン
ブドウ入り
パン

どこのパン屋さんにも置いてある定番中の定番。カスタードとブドウが入ってしっとりしたおいしさ

brioche suisse
ブリオッシュ　スイス
カスタードクリーム入りパン

カスタードクリームやチョコを巻き込んだおやつパン

パン

一番人気　|　ママンの味　|　地方料理　|　飲み物　|　間食　|　特別料理　|　食材　|　店と注文　|　その他

(21)

ワイン vin
ヴァン

フランス人にとってワインは血であり肉である──。こう言うと大げさのようだが、ワインなしの食事というのは考えられない。料理に合うワインをじっくりと選んで、フランスワインの真髄を味わってほしい

どこで？／レストラン、ワイン専門店　人数／2人〜
予算／安★★☆☆☆高　いつ？／朝以外一日中

（赤／白）ワインを一本ください
Une bouteille de vin (rouge / blanc) s'il vous plaît
ユヌ　ブッテイユ　ドゥ　ヴァン（ルージュ／ブラン）　シルヴプレ

ハーフボトル
Une demi-bouteille de vin
ユヌ　ドゥミ　ブッテイユ　ドゥ　ヴァン

グラスワイン
Un verre de vin
アン　ヴェール　ドゥ　ヴァン

赤ワイン

Médoc Bordeaux
メドック　ボルドー

メドック
ボルドー

ボルドーの中でもいくつかの有名な地区があり、メドックはそのひとつ。均整のとれた力強い味

Morgon Bourgogne
モルゴン
ブルゴーニュ

モルゴン
ブルゴーニュ

ボージョレーなどフルーティなタイプから辛口の白までさまざまな種類があるブルゴーニュ。モルゴンはなめらかな口当たりで華やかな味わい

Beaujolais-villages
ボージョレ
ヴィラージュ

ボージョレ
ヴィラージュ

ブルゴーニュの赤ワインの一種。ヌーヴォー（新酒）で知られるようなフルーティな味わいがある

Saint-Émilion Bordeaux
サンテミリオン
ボルドー

サンテミリオン
ボルドー

サンテミリオンもボルドーの有名地区のひとつ。素朴で柔らかさのある、誰からも好かれるタイプのワイン

Pinot noir Alsace
ピノノワール
アルザス

ピノノワール
アルザス

白ワインの有名なアルザス地方だが、ピノノワール種の赤ワインも存在する。透明感のある色と味

Côtes du Rhône
コット　デュ
ローヌ

コート　デュ
ローヌ

ボルドー、ブルゴーニュに次いで有名なワインの産地。価格も手頃で飲みやすいワインが多い

vin maison
ヴァン
メゾン

ハウス
ワイン

ピシェ（器）に入って出てくるワイン。低価格だが、お店が選んでいるものなので万人受けするワインが多い

vin de table
ヴァン　ドゥ　ターブル

テーブルワイン

スーパーなどで1本2ユーロ程度で購入できる。フランス人も普段はこうした安価なワインを飲んでいる

vin chaud
ヴァンショー

ホット
ワイン

あたためた赤ワインにシナモンやフルーツを加えたもの。カフェなどで飲める、冬の定番

ワインリストをお願いします
La carte des vins s'il vous plaît
ラ　カルト　デ　ヴァン　シルヴプレ

おすすめは何ですか？ Que me conseillez-vous ? ク　ム　コンセイエ　ヴ	軽めの Léger レジェール	地元地方のワイン Vin de région ヴァン　ドゥ　レジオン
	重みのある lourd ルール	あまり高くない Pas trop cher パ　トロ　シェール

白ワイン

Sauternes Bordeaux
ソーテルヌ ボルドー

ソーテルヌ ボルドー

とろりとした口当たりの甘口ワイン。フォアグラとの相性が最高

Chardonnay
シャルドネ

シャルドネ

世界中で栽培されているシャルドネ種は、さわやかでフルーティな味わいが特徴

Chablis Bourgogne
シャブリ ブルゴーニュ

シャブリ ブルゴーニュ

ブルゴーニュ産の辛口の白ワイン。きりりと冷やして魚介類とともに

ロゼ

Gris
グリ

グリ

色の薄いロゼワインの種類。さっぱりとしてさまざまな料理と相性がいい

Côtes de Provence
コット ドゥ プロヴァンス

コート ドゥ プロヴァンス

気候に恵まれた南仏プロヴァンスで育ったワインは、フルーティで飲みやすい

Champagne brut rosé
シャンパーニュ ブリュ ロゼ

シャンパン　ロゼ

色合いも美しいロゼのシャンパン。アペリティフに飲めば最高に贅沢な気分

シャンパン・発泡酒

Champagne
シャンパーニュ

シャンパン

誕生日やクリスマスなどお祝いごとに欠かせない。何の料理にも合うのがうれしい

Vin mousseux Crémant de Bourgogne
ヴァン ムスー クレマン ドゥ ブルゴーニュ

発泡性ワイン

シャンパーニュ地方以外で作られる発泡酒はヴァン ムスー（泡のワイン）と呼ばれる

Champagne Moët&chandon
シャンパーニュ モエシャンドン

モエシャンドン

シャンパンの中でも名酒と言われるモエシャンドン。高級なイメージもあるが、ワインショップで買えば価格は比較的手頃

sec セック 辛口の	doux ドゥー 甘口の	fruité フリュイテ フルーティな	épicé エピセ スパイシーな	tourné トゥルネ 変質した ※1

※1　ワインや酢が酸化しているときなどに使う

fromages

チーズ fromages
フロマージュ

最後はチーズで締めるのがフランスの夕食スタイル。町にはチーズ専門店も多くあり、その種類の豊富さとおいしさは世界一。ひと口食べれば、「今まで食べていたチーズは一体なんだったの？」とそのケタ違いのおいしさに感動するはず

どこで？／レストラン、専門店など	人数／1人〜
予算／安★★★☆☆高	いつ？／たいてい夕食時

（本書を指さして）

これはありますか？
Avez-vous ça ?
アヴェヴ サ

人気の高いチーズはどれですか？
Quel fromage est le plus populaire?
ケル フロマージュ エル プリュ ポピュレール

チーズの盛り合わせを頼むと、自由に選べるように、大きなトレーにのせて持ってきてくれる所もある。どこの地方の、などといろいろな解説を聞くのも楽しい

白カビタイプ

brie
ブリー
ブリー

とろりとやわらかさが身上の白かびチーズ。皮は食べない

camenbert
カマンベール
カマンベール

常温で少し放置して、切り口がとろりとなったところがおいしい

caprice des dieux
カプリス デ ディウ
市販の白かびチーズ

スーパーに並んでいる白かびチーズだって本当においしい！ おすすめはこの銘柄

ハードタイプ

parmigiano
パルミジャーノ
パルミジャーノ

長期間熟成させたものほどおいしい。粉チーズにして広く料理に使う

tomme
トム
トム

スイスの近く、サヴォア地方の固い皮のチーズ

mimolette
ミモレット
ミモレット

長時間乾燥、熟成させて作る、鮮やかなオレンジ色のチーズ

roquefort
ロックフォール
ロックフォール

雌羊の乳で作られる青かびチーズ。料理にも幅広く応用される

bleu d'auvergne
ブルード ヴェルニュ
オーヴェルニュ産ブルーチーズ

フランス中央の山岳地帯で作られる

gorgonzola
ゴルゴンゾーラ
ゴルゴンゾーラチーズ

慣れないと香りがきついが、質のよいものは香りも独特の塩気も程よい

チーズを使った料理

fondue
フォンデュ
チーズ
フォンデュ

アルプス地方の冬の名物。チーズを白ワインで溶かし、パンや野菜をつけて食べる

pommes de terre au roquefort
ポム　ドゥ　テール　オ　ロックフォール
ジャガイモのロックフォール

ロックフォールはこのほかに肉料理のソースなどにも使われる

croque-monsieur
クロックムッシュー
クロックムッシュー

たっぷりの溶けるチーズをパンにのせて焼いたフランスの名物スナック

ウォッシュタイプ

pont-l'évêque
ポン　レヴェック
ポン　レヴェック

ノルマンディ地方で作られるウォッシュチーズ。匂いはさほどきつくない

munster
ムンステール
ムンステール

皮がしっとりしめているものを選ぼう

生タイプ

fromage blanc
フロマージュブラン
フロマージュブラン

ヨーグルトに風味が似た、応用範囲の広いフレッシュチーズ

petit-suisse
プチ　スイス
プチ　スイス

小さな器に入った生チーズ。ハチミツなどをかけてもいい

ヤギのチーズ

pouligny-Saint-Pierre
プリニーサンピエール
ピラミッド型の山羊チーズ

アルプスで育った山羊のチーズ。熟成が進むと色が変わる

crottin de chavignol
クロタン　ドゥ　シャヴィノル
小さな丸型山羊チーズ

皮も中味もやわらかい。熟成によって色がグレーに変わる

palet chèvre
パレ　シェーヴル
円盤型チーズ

paletとはもともと円盤型のことを指す

saint-maure
サンモール
円柱型山羊チーズ

やわらかく形の良いものを選ぼう

市販品

emmenthal râpé
エメンタール　ラッペ
エメンタールチーズ

そのまま食べてもおいしいエメンタールだが、とろけるチーズとして使うことが多い

babybel
バビィベル
丸型ハードチーズ

赤い小さなケースに入っている。子どもたちにも好かれるクセのないチーズ

boursin
ブルサン
ブルサン

日本でもおなじみ。こしょう入りやにんにくハーブ入りなど種類もたくさん

la vache qui rit
ラ　バッシュ　キリ
クリームチーズ

まったくクセのないクリームチーズ。おやつやおつまみにも

一番人気
ママンの味
地方料理
飲み物
間食
特別料理
食材
店と注文
その他

お惣菜　cuisine bourgeoise
キュイジーヌ　ブルジョワーズ

サラダや魚、ハムなどのマリネ、テリーヌ、パイなど、軽い食事や前菜として楽しめるお惣菜類。お店で少しずつ買って、いろいろな味を試したい。フランスのお母さんたちだってよく利用しているのだ

どこで？／惣菜店またはビストロなど　人数／1人〜
予算／安★☆☆☆☆高　いつ？／一日中

（本書を指さして）
これはありますか？
Avez-vous ça?
アヴェヴ　サ

はい、あります
Oui, on en a
ウイ オン ノン ナ

いいえ、ありません
Non,on n'en a pas
ノン オン ノン ナ パ

avocat sauce crevette
アヴォカ　ソース　クレヴェット
エビとアヴォカドのサラダ

定番の組み合わせで人気の前菜。エビはマヨネーズソースで和えてある

poulet en gelée
プレ　オン　ジェレ
とり肉のゼリー寄せ

やわらかなとり肉をコンソメのゼリーで寄せた涼し気な前菜

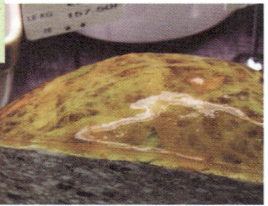

terrine de perigord
テリーヌ　ドゥ　ペリゴール
ペリゴール風テリーヌ

テリーヌ型を使って固める料理の総称がテリーヌ。フォアグラや肉、魚などさまざまな素材が使われる

poireaux vinaigrette
ポワロー　ヴィネグレット
ポワローネギのヴィネグレット

日本のねぎよりも甘くやわらかいポワローネギはフランスの家庭料理でよく使われる食材

carottes rapées
キャロットラッペ
細切りにんじんのサラダ

フランスのにんじんは甘みが強いので、こうしたシンプルな調理法がぴったり

taboulé
タブレ
スムールのサラダ

クスクスの材料でもあるスムール（デュラムセモリナ）をサラダ風に仕上げたお惣菜

champignons à la grec
シャンピニョン　ア　ラ　グレック
マッシュルームのギリシャ風サラダ

大ぶりで美味なフランスのマッシュルームを存分に味わえる

salade de riz
サラドゥ　リ
米サラダ

前菜や昼食にぴったりのボリュームのあるサラダ

〜を○○gください

Je voudrais ○○ grammes de 〜
s'il vous plaît

ジュ ヴドレ ○○グラム ドゥ 〜 シルヴ プレ

salade de lentilles
サラドゥ ランティユ

レンズ豆のサラダ

植物繊維たっぷりのレンズ豆は美容にもいい

feuilleté au fromage
フォイユテ オ フロマージュ

チーズパイ

チーズやハムを包んだパイでボリュームたっぷり

hure de saumon
ユール ドゥ ソーモン

鮭の煮こごり風

フランスの鮭は脂がのっていて美味。さまざまな料理に使われている

bouchée à la reine
ブッシュ アラ レーヌ

クリーム入りパイの前菜

「女王のひと口」という名はかわいらしいひと口サイズのそのフォルムから生まれた

お惣菜

ママンの味

地方料理｜飲み物｜軽食｜特別料理｜食材｜店と注文｜その他

---

hareng à l'huile
ハレン ア リュイル

にしんのオイル漬け

カナッペにのせたりして食べる

salade de chou rouge
サラドゥ シュールージュ

紫キャベツのサラダ

色合いも美しいシンプルな味付けのサラダ

museau mariné
ミュゾー マリネ

豚の鼻口肉のマリネ

ミュゾーという鼻口肉はハム風味。とくにリヨン地方では定番の前菜

salade de betterave
サラドゥ ベトラヴ

ビーツ(てんさい)のサラダ

甘みの強いビーツを角切りにしてドレッシングで和えたもの

salade macédoine
サラドゥ マセドワンヌ

ミックスベジタブルのサラダ

野菜や果物を角切りにしてマヨネーズなどで和えたものがマセドワン風と呼ばれている

artichaut mariné
アーティショー マリネ

アーティチョークのマリネ

ほのかな苦味と香りのあるアーティチョークは、マリネやサラダにして食べることが多い

salade piémontaise
サラドゥ ピエモンテーズ

ピエモンテ風サラダ

イタリア北西部の都市の名を冠したさっぱりとしたサラダ

tomate sechée marinée
トマト セッシェ マリネ

乾燥トマトのマリネ

イタリアの食材だがフランスにも広く流通している。トマトの味が濃い

céleri rémoulade
セルリ レムラド

セロリのマヨネーズ和え

香草やマスタードを加えたマヨネーズソース。セロリは根セロリが使われていて香りは強くない

27

スープ・鍋料理 soupes / ragoûts
スープ / ラグー

寒くなると、レストランのメニューにスープ類や大鍋での煮込み料理が増える。「西洋おでん」のポトフをはじめ、栄養タップリで胃にもやさしいメニューがたくさんだ

どこで？／レストランなど　人数／1人〜
予算／安★☆☆☆☆高　いつ？／一日中

（本書を指さして）
これはありますか？
Avez-vous ça ?
アヴェヴ　サ

メニューをお願いします
La carte s'il vous plaît
ラ　カルト　シルヴプレ

シンプルな調理法だからこそ、素材と味のベースとなるブイヨンが決め手となる。スープの味でレストランの味の良し悪しがわかるという

pot au feu
ポトフ

ポトフ

ねぎやかぶなどの根菜類と骨付き肉をじっくり煮込んだ冬のごちそう

potée au chou
ポテ　オ　シュー

キャベツ煮込み

ポトフの家庭的な呼び名がポテ。やわらかなキャベツが美味

bouilla-baisse
ブイヤベース

プイヤベース

他の煮込み料理とは違って、夏にもよく食べる漁師の料理。南仏マルセイユが有名

soupe à l'oignon gratinée
スープ　ア　ロニョン
グラティネ

オニオングラタン
スープ

パリ名物のスープ。たっぷりのチーズで覆うように焼く

soupe aux champignons
スープ　オ　シャンピニョン

マッシュルームの
クリームスープ

フランスのマッシュルームは大ぶりで味が濃く、美味

soupe aux cèpes
スープ　オ　セップ

セップ茸の
クリームスープ

セップと呼ばれる香り高いキノコがたっぷり

soupe de lentilles
スープ　ドゥ　ロンティユ

レンズ豆の
スープ

レンズ豆をベーコンとともにじっくり煮た家庭的なスープ

本日のスープは何ですか？
Qu'est-ce que c'est la soupe du jour?
ケスクセ ラ スープ デュ ジュール

soupe au pistou
スープ オ ピストウ

バジルとにんにくのスープ

バジル、にんにくを潰してオリーブオイルでのばした調味料がピストウ

soupe aux haricots blancs
スープ オ アリコ ブラン

白いんげん豆のスープ

フランス版おふくろの味という感じ。栄養たっぷり

soupe aux tomates et au basilique
スープ オ トマト エ オ バジリック

トマトとバジルのスープ

なめらかにこしたトマトは甘味が凝縮されている

soupe de poisson
スープ ドゥ ポワッソン

魚のだしスープ

魚介類のだしがぎゅっと詰まったスープはやや濃厚だがクセになる味

velouté au potiron
ヴルテ オ ポティロン

カボチャのクリームスープ

フランスのカボチャはこうしてスープにしたりソースに使ったりすることが多い

potage aux épinards et fromages
ポタージュ オ ゼピナール エ フロマージュ

ほうれんそうとチーズのスープ

クリームチーズのほのかな塩気と香りがきいている

mouliné aux légumes
ムリネ オ レギューム

つぶした野菜のスープ

近頃はヘルシーメニューとしてもてはやされているスープ。野菜たっぷりでダイエットにもいい

potage aux légumes variés
ポタージュ オ レギューム ヴァリエ

野菜スープ

入っているのはネギ、ズッキーニ、ほうれん草、にんじんなど

bisque de homard
ビスク ドマール

オマール海老のスープ

オマール海老をたっぷり使って濃厚に仕上げたぜいたくなスープ

potage au poireau
ポタージュ オ ポワロー

ポワロ—ネギのスープ

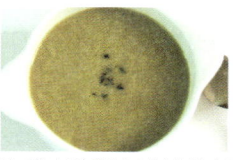

じゃがいもでとろみをつけたやさしい味

スープの種類
variété
ヴァリエテ

なめらかなとろっとしたスープ
velouté
ヴルテ

こした野菜のスープ
potage
ポタージュ

野菜をこまかく挽いた（つぶした）スープ
mouliné
ムリネ

食の年中行事

quatre saisons
キャトル　セゾン

日本と同じように四季のあるフランス。野菜など食べ物の季節感を尊重しており、おいしい時期、調理法を心得ているよう。また、クリスマスなどの年中行事を盛り上げるのも、食卓を彩る特別な食べ物たちだ

今の季節の食べ物は何ですか？
Quelles sont les spécialités de cette saison ?
ケル　ソン　レ　スペシャリテ　ドゥ　セット　セゾン

1月

2月

3月

4月

5月

6月

crêpe
クレープ

クレープ

2月になると、家族でクレープをたくさん焼いて食べる習慣がある。ちなみに、スーパーなどで売られているクレープミックスや製菓材料、チョコクリームはお土産にもおすすめ

galette des rois
ガレット　デ　ロワ

王様のガレット　（1月6日）

アーモンドペースト入りのパイで、中にひとつだけ陶器の人形が入っている。皆で切り分けて、人形が入っていた人が王様。パイについている王冠が与えられるというゲーム

légumes de printemps
レギューム　ドゥ　プラントン

春野菜の出荷

緑と白のアスパラガスやキャベツなどをはじめとする春野菜が出回る頃、市場は突然華やぎを見せる

pâques
パック

復活祭（春分後の最初の満月の後の日曜日）

お菓子屋さんの店頭には、たまごやとりの形をしたチョコレートがたくさん並ぶ。復活祭の後の1週間は春のバカンス期間になる

結婚

cérémonie de mariage
セレモニー　デゥ　マリアージュ

結婚式

おめでとう！
Félicitations !
フェリシタシオン

フランスの結婚式は、まず市役所で市長さんとの誓いと届け出の式をあげることからはじまる。その後、教会へ行くこともあれば、そのままパーティーへ直行する場合も。パーティーは日本の披露宴ほど格式張らず、家族や友人と食事をして、飲んで、踊って、というもの。たいてい朝まで続く。左の写真は結婚式によく出てくるアーモンドのお菓子「ドラジェ」

7月		
8月		
9月		
10月		
11月		
12月		

vacances d'été
ヴァカンス　デテ

夏のバカンスシーズン

6月から9月にかけてはバカンスシーズン。とくに7、8月は1ケ月間休みのお店やレストランもめずらしくない。そのかわり増えるのが外国人観光客で、美術館や名所がにぎわいを見せる

haloween
ハロウィーン

ハロウィーン

（10月31日）

アメリカほどではないが、近年になってだいぶ街にハロウィーンのデコレーションを見かけるようになった。かぼちゃをくり抜いた人形などが店頭に並ぶ

rêcolte
レコルト

秋の収穫

パリ名物のマッシュルームをはじめとするきのこ類が出回り、秋の到来を告げる。フランス料理名物のトリュフもこの時期

beaujolais nouveau
ボージョレ　ヌーヴォー

ボージョレ　ヌーヴォー
11月中旬

日本より数日遅れてお目見えする。解禁日には、あちこちのカフェ、レストランに「ボージョレ到着！」のポスターが貼られる

クリスマス

Noël
ノエル

クリスマス

（12月25日）

家族全員が集まるクリスマスは、一年に一度の大ごちそうが並ぶ。七面鳥やフォアグラ、シャンパンとワイン。もちろんケーキは木株型のブッシュドノエルだ

会話

新年明けましておめでとう！	Bonne année ! ボナネ
メリークリスマス！	Joyeux Noël ! ジョワイユー　ノエル
よいパーティーを	Bonne fête ! ボヌ　フェット
楽しんできてね！	Amusez-vous bien ! アミュゼ　ヴ　ビヤン

食の年中行事

マンの味｜地方料理｜飲み物｜間食｜特別料理｜食材｜店と注文｜その他

北西料理 Nord-Ouest
ノールウェスト

そば粉のガレットで知られるブルターニュは、豊富な海の幸をいかしたグルメで知られている。ノルマンディーはリンゴやその発泡酒シードルが有名。古城の町ロワールでは、白バターソースを味わってみたい

どこで？／レストランなど　人数／2人～
予算／安★★★☆☆高　いつ？／一日中

ここの名物料理は何ですか？
Qu'est-ce que c'est votre spécialité ?
ケスクセ　ヴォトル　スペシャリテ

おすすめは何ですか？
Que me conseillez-vous ?
ク　ム　コンセイエ　ヴ

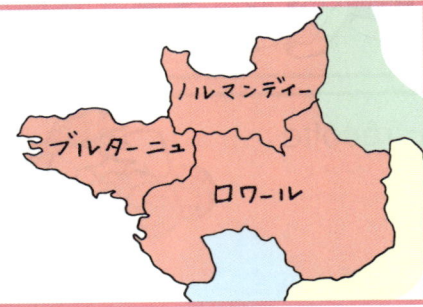

galette
ガレット

そば粉のガレット

ハムやチーズ、魚介類など好きな具を入れて楽しむ

pavé de boeuf aux morilles et charlottes de Bretagne roties
パヴェ　ドゥ　ブッフ　オ　モリユ　エ　シャルロット　ドゥ　ブルターニュ　ロティ

ステーキのきのこソース　シャルロット添え

ブルターニュ名産のじゃがいもを添えた、きのこソースのステーキ

feuilleté de coquilles Saint-Jacques
フォイユテ　ドゥ　コキーユ　サンジャック

ホタテのパイ包み

漁港で知られるブルターニュは海の幸が豊富。中でもホタテはその応用範囲の広さがピカイチ

coquilles Saint-Jacques grillées avec endive caramélisée
コキーユ　サンジャック　グリエ　アヴェック　アンディーヴ　キャラメリゼ

ホタテのソテー　エンダイブのキャラメル　仕立て添え

甘く煮詰めたエンダイブがホタテの甘みをさらに引き立てる

marmite de coquilles Saint-Jacques
マルミット　ドゥ　コキーユ　サン　ジャック

ホタテのクリーム煮

生クリームとホタテは完璧なカップリング

tripe
トリップ

牛胃袋の煮込み

ノルマンディーのカーンという町の名物。フランス版もつ煮込み

calvados
カルヴァドス

リンゴのブランデー

huître ※1
ユイットル

牡蠣

sarrasin
サラザン

そば粉

※1　ブルターニュの名物

feuilleté de poireau à la normande
フォイエッテ ドゥ
ポワロー ア ラ
ノルマンド
ポワローネギのパイ包み ノルマンディー風

やわらかくとろけそうなネギがごちそう

パリ南西に広がるロワール地方には、15〜17世紀の古城が点在。ロワール川の豊かな流れとともに、フランスのもっとも美しい風景のひとつに数えられている

escalope de volaille à la normande
エスカロップ ドゥ
ヴォライユ ア ラ
ノルマンド
とり肉のノルマンディー風

クリームソースで煮たシチュー風の一品

これがおいしいですよ!
C'est très bon !
セ トレ ボン

tarte aux pommes
タルト オ ポム
リンゴのタルト

リンゴをたっぷり使ったタルトはフランス中どこにでもあるが、リンゴの名産地ノルマンディーのものは格別

boudin aux pommes
ブーダン オ ポム
ブーダンのリンゴソテー

りんごの酸味と甘味が、ブーダンの独特の風味をやわらげる

cidre
シードル
シードル

リンゴの産地ノルマンディーの名物。アルコールに弱い人でもだいじょうぶ

galettes bretonnes
ガレット ブルトン
ブルターニュ風クッキー

バターをたっぷり使ったブルターニュの名産品。フランス中に広まっている

filet de sandre à la sauce au beurre blanc
フィレ ドゥ サンドル アラ
ソース オ ブールブラン
サンドルの白バターソース

ロワール地方の名物はこくのある白バターソースを使った魚料理

nougat de Tours
ヌガ ドゥ トゥール
トゥール風ヌガー

ロワール地方の町、トゥールで作られている丸型ヌガー

北西料理

地方料理｜飲み物｜間食｜特別料理｜食材｜店と注文｜その他

33

北東料理　Nord-Est
ノーエスト

ドイツに国境を接し、大きな影響を受けているアルザス、豊かな農耕地帯が広がるロレーヌ、シャンパンの産地として知られるシャンパーニュ‥‥北東地方は個性溢れる料理が並ぶ食の宝庫だ

どこで？／レストランなど　人数／2人〜
予算／安★★★☆☆高　いつ？／一日中

ノール
ピカルディ
イル・ド・フランス
シャンパーニュ
ロレーヌ
アルザス

ここの名物料理は何ですか？
Qu'est-ce que c'est votre spécialité?
ケスクセ　ヴォトル　スペシャリテ

おすすめは何ですか？
Que me conseillez-vous ?
ク　ム　コンセイエ　ヴ

choucroute
シュークルート

キャベツとソーセージの煮物

キャベツの漬け物（ザワークラフト）をアルザス名産の白ワインとソーセージで煮込んだもの

pâtes
パット

パスタ

おいしいパスタの生産地として知られるアルザス。とくにフレッシュパスタは絶品

tarte flambée
タルト　フランベ

アルザスのピザ

玉ねぎやベーコンをのせた薄い生地のピザ。アルザスに行くと町のあちこちにこれを食べさせるお店がある

kouglof
クグロフ

アルザスの円筒型ケーキ

甘さ控えめの素朴な味。専用の焼き型がある

backeoffe en cocotte
ベッコフ　オン　ココット

肉とジャガイモのワイン煮

たっぷりのジャガイモと牛、豚など数種の肉をミックスし白ワインで煮込んだシチュー。アルザス料理を味わうなら外せない一品

saucisse de Montbéliard
ソーシス　ドゥ　モンベリアール

ソーセージジャガイモ添え

風味豊かなソーセージはこの地方の名産品。ワインで煮たジャガイモをつけ合わせた。ビールがすすみそうな一品

moules au curry
ムール　オ　キュリー

ムール貝の
カレー風味

ベルギーにほど近いノールの町では、ベルギー名物のムール貝を使ったメニューがたくさん

アルザスはドイツ領だった時代も長く、風景はフランスというよりほとんどドイツ。とんがった三角屋根の家が並ぶ

gratin de poireaux
グラタン　ドゥ　ポワロー

ポワローネギの
グラタン

ポワローネギはノール地方の名産。グラタンでとろけるようなやわらかさを味わう

これがおいしいですよ!
C'est très bon !
セ　トレ　ボン

quiche lorraine
キッシュ　ロレーヌ

ロレーヌ風キッシュ

ベーコンと卵、チーズというシンプルな具の組み合わせが人気のキッシュは、もともとロレーヌ地方の名物

baba au rhum
ババ　オ　ラム

ラム酒にひたした
ケーキ

日本でもおなじみのこのデザートは、ロレーヌが発祥と言われている

biscuits de Reims
ビスキュイ　ドゥ　ランス

ランス風ビスケット

ピンク色も美しい軽いビスケット。シャンパンと一緒に食べる

tarte aux mirabelles
タルト　オ　ミラベル

ミラベルのタルト

すももの一種であるミラベルを使ったフレッシュなタルト

bière alsacienne
ビエール　アルザシエヌ

アルザス産ビール

ドイツに近いアルザス地方は、ワインもさることながらビールの種類も充実

choux blancs à l'alsacienne
シュー　ブロン　ア　ラルザシエヌ

アルザス風キャベツ
サラダ

香ばしいクルミ入り、さわやかな口当たりのサラダ

北東料理

地方料理｜飲み物・間食｜特別料理｜食材｜店と注文｜その他

中部料理 Centre
ソントル

フランス第2の都市・リヨンの美食三昧、アルプスの乳製品、ブルゴーニュワインを使った料理‥‥豊かな大自然に囲まれた中部地方は、フランス料理の真髄をきわめたグルメ天国だ

どこで？／レストランなど　人数／2人〜
予算／安★★★☆☆高　いつ？／一日中

Centre

ここの名物料理は何ですか？
Qu'est-ce que c'est votre spécialité?
ケスクセ　ヴォトル　スペシャリテ

おすすめは何ですか？
Que me conseillez-vous?
ク　ム　コンセイエ　ヴ

fondue savoyarde
フォンデュ
サヴォワイヤルド

チーズフォンデュ

スイスにほど近いサヴォワ地方の名物料理。数種のチーズを白ワインで溶かし、パンなどをつけて食べる

tartiflette
タルティフレット

チーズとジャガイモ
のグラタン

アルプスのチーズをたっぷりふりかけて焼いたもの。素朴な調理法が素材のよさを際立たせている

quenelles aux écrevisses
クネル　オ　エクルヴィス

魚のすり身とざりがにソース

クネルとはリヨンの名物で、川かますをすりつぶして形作ったもの。ざりがにと一緒に食べることが多い

quenelles
クネル

魚のすり身

魚のすり身、クネルに甲殻類のコクのあるソースをかけて食べる

pâté en croûte
パテ オン　クルート

豚肉のパテのパイ包み

豚肉加工品もリヨン名物のひとつ。栄養価の高い料理が多い

boeuf bourguignon
ブッフ　ブルギニョン

牛肉の赤ワイン煮

ブルゴーニュは名産のワインを使った料理でも有名。これはビストロの定番メニュー

gougère
グジェール

チーズのシュー

クリームを入れないシュー生地にチーズが入った、という感じ。軽いおやつにぴったり

carottes vichy
キャロット　ヴィシー

ヴィシー風ニンジンソテー

水の都として知られるヴィシー。パセリをたっぷり加えた素朴な家庭料理

eminçé de chou blanc , oeuf mollet et confit de canard

エマンセ ドゥ シューブラン ウッフモレ エ コンフィ ドゥ カナール

キャベツの細切り,カモの コンフィの半熟卵添え

脂とともに長時間煮込んだカモ肉 をキャベツとまぜてサラダ風に仕立てたもの

foie de veau persilé

フォア ドゥ ヴォー ペルシレ

牛の肝の パセリソテー

肝を使った料理も典型的リヨン風。ジャガイモをたっぷり添えて

リヨンの代表的な料理を出す店をbouchon(ブッション)とい う。置いてあるメニューはハムソーセージ類や内臓料理、ブー ダンなど。赤いチェックのテーブルクロスなど、内装もたいて い「伝統ある庶民の店」という趣き

これがおいしいですよ! **C'est très bon!**
セ トレ ボン

planche de charcuterie lyonnaise

ブランシュ ドゥ シャル キュトリー リヨネイズ

リヨン風ハム類の 盛り合わせ

シャルキュトリーとは豚肉加工食品店のこと。 さまざまな種類を味わいたいときに

jambon de Bourgogne

ジャンボン ドゥ ブルゴーニュ

ブルゴーニュ風 ハム

パセリをたっぷり入れた香り高いハム

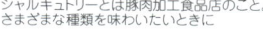

tête de veau sauce ravigote

テット ドゥ ヴォー ソース ラヴィゴット

牛の頭の ラヴィゴットソース

ラヴィゴットソースとは香辛料と香草をきか せたソースのこと。内臓や脳を使った料理にぴったり

fromage frais

フロマージュ フレ

フレッシュチーズ

新鮮でコクのあるアルプスの乳製品を使ったシンプルなデザート

île flottante aux pralines roses

イルフロッタント オ プラリヌ ローズ

卵白とプラリネの デザート

ピンク色のプラリネ(アーモンドを砕いて煮 詰めたもの)は、アルプスの近くの湖の町、アヌシーでよく見かける

rosette de Lyon

ロゼット ドゥ リヨン

リヨン風サラミ ソーセージ

リヨン名産のソーセージ。フランス中で購入できる

南仏料理 Sud
シュド

豊かな太陽と海に囲まれた南フランス地方。シーフード料理やハーブ、オリーブ油を使ったメニューが多く、日本人の味覚にも合う

どこで？／レストランなど　人数／2人〜
予算／安★★☆☆☆高　いつ？／一日中

ここの名物料理は何ですか？
Qu'est-ce que c'est votre spécialité?
ケスクセ　ヴォトル　スペシャリテ

おすすめは何ですか？
Que me conseillez-vous?
ク　ム　コンセイエ　ヴ

bouilla-baisse
ブイヤベース

ブイヤベース

日本でもおなじみのブイヤベースは南フランス海岸地方の名物料理。カサゴやムール貝など、魚介類をふんだんに使ってシンプルながらぜいたくなおいしさ

rouget grillé à l'huile d'olive
ルージェ　グリエ　ア　リュイル　ドリーヴ

ヒメジのグリル　オリーブ油風味

南仏でよく使われるヒメジをサラダとともにさっぱりといただく

rouget à la marseillaise
ルージェ　ア　ラ　マルセイエーズ

ヒメジのマルセイユ風

港町マルセイユでは新鮮な魚をこうしたシンプルなトマトソースで食べることが多い

pissaladière
ピサラディエール

南仏風ピザ

アンチョビやオリーブなどをのせて薄く焼き上げた特製ピザ

soupe de poisson
スープ　ドゥ　ポワッソン

魚のだしのスープ

魚のだしを使って作られる濃厚なスープ。南仏をはじめ各地でレストランのメニューの定番となっている

salade niçoise
サラドゥ　ニソワズ

ニース風サラダ

アンチョビやオリーブなどがたっぷり入ったボリューム満点のサラダ

saucisse de toulouse
ソーシス　ドゥ　トゥールーズ

トゥールーズ風ソーセージ

トゥールーズ地方名産のソーセージをグリル。肉のうまさが際立っている

poulet provençal
プレ　プロヴァンサル

南仏風とり肉の煮込み

うまみのいっぱいつまったトマトやオリーブで煮込んだとり肉はとてもやわらかい

fricassé de lapin
フリカッセ　ドゥ　ラパン

ウサギ肉のフリカッセ

フリカッセとはウサギやとり肉をホワイトソースで煮込んだもの

cassoulet
カスレ

白インゲン豆と肉の煮込み

バラ肉やソーセージなどと一緒に白インゲン豆を煮込んだラングドック地方の名物料理

海の幸が豊富な南仏だが、とくに港町マルセイユにはとびきり新鮮な魚介類が並び、魚市場も活気がある

これがおいしいですよ!
C'est très bon !
セ　トレ　ボン

bavette d'aloyau au sauce échalotte
バヴェット　ダルワイヨ　オ　ソース　エシャロット

ステーキのエシャロットソース

エシャロット（球根のついたらっきょう状の野菜）をたっぷりソースに使うと、肉が格段にやわらかくなる

poulet basquaise
プレ　バスケイズ

とり肉のバスク風

トマトや野菜と一緒にバスク地方名産のハムを入れて煮込む。とり肉のうまみたっぷり

tourtières de Gascogne
トゥルティエール　ドゥ　ガスコーニュ

ガスコーニュ風焼き菓子

グルメの里として知られるガスコーニュ（旧地方名、フランス南西部）の、くるりと巻いた形がかわいい焼き菓子

tarte provençale
タルト　プロヴァンサル

南仏風タルト

トマトやバジルがたっぷり使われた人気のタルト

olives
オリーブ

オリーブ

風味豊かなオリーブは南仏の名産品

basilic
バジリック

バジリコ

評判の高い南仏産ハーブの代表選手

カフェ・アルコール café / alcools
カフェ / アルコール

フランスにはカフェやバーがたくさんあって、それぞれに個性を競い合っている。街ゆく人々を眺めながら
ゆっくりコーヒーを飲むもよし、バーに立ち寄ってカウンターでお酒を味わうもよし、楽しみ方は自分次第

どこで？／カフェ、バー　人数／1人〜
予算／安★☆☆☆☆高　いつ？／一日中

〜を1杯ください ※1

Un(une) 〜 s'il vous plaît
アン(ユヌ) 〜 シルヴプレ

café
カフェ
コーヒー

フランスでは普通のカフェを頼むと小さいカップのエスプレッソが出てくる。
1杯2ユーロぐらい

café crème
カフェクレーム
カフェオレ

カフェオレではなくカフェクレームと呼ばれる。大きなカップに出てくる

café allongé (m) カフェ　アロンジェ アメリカンコーヒー	thé (m) テ 紅茶	infusion (f) アンフュジオン ハーブティー
café noisette (m) カフェ　ノワゼット ミルクをたらしたエスプレッソ	thé vert (m) テ　ヴェール 緑茶	thé à la menthe (m) テ　ア　ラ　モント ミントティー
chocolat chaud (m) ショコラショー ココア	thé au lait (m) テ　オ　レ ミルクティー	lait chaud (m) レ　ショー ホットミルク
café glacé カフェ　グラッセ アイスコーヒー	thé glacé テ　グラッセ アイスティー	jus de raisin (m) ジュ　ドゥ　レザン ブドウジュース
jus d'orange (m) ジュ　ドランジュ オレンジジュース	jus d'orange pressé (m) ジュ　ドランジュ　プレッセ フレッシュオレンジジュース	jus de pomme (m) ジュ　ド　ポム リンゴジュース

水

eau minérale (f)
オー　ミネラル
ミネラル
ウオーター

エビアンやヴィッテルなどと銘柄を指定することもできる

eau minérale gazeuse (f)
オー　ミネラル
ガズーズ
ガス入りミネラル
ウオーター

微量の炭酸は食欲を刺激すると言われている

carafe d'eau (f)
カラフ　ドー
水道水

フランスの水道水は飲んでも大丈夫。ただしカルキが多いので飲み続けないほうがいい

※1　注文するものが男性名詞(m)ならun、女性名詞(f)ならuneをつける

あなたの好きなお酒は何ですか？
Quel est votre alcool préféré ?
ケレ　ヴォトル　アルコール　プレフェレ

アルコール

bière (f)
ビエール
ビール

生ビールの場合はpression

panaché (m)
パナシェ
ビールの
レモネード割り

アルコールの弱い人でも大丈夫

desperados (f)
デスペラード
ビールの
カクテル

ビールとテキーラを割ったもの

cidre (m)
シードル
リンゴの
発泡酒

クレープとともに飲むのが定番

cognac (m)
コニャック
コニャック

フランス南西部の町で生まれた

picon (m)
ピコン
リキュール

ビールと割って飲む

porto (m)
ポルト
ポルトガルの
ワイン

独特の甘い香りがある

mirabelle (f)
ミラベル
蒸留酒

アルコール度数が高い

martini (m)
マルティニ
マティーニ

どこのバーにも置いてある定番のお酒

cassis (m)
カシス
カシスの酒

白ワインと割ったものがキール

muscat (m)
ミュスカ
マスカット
ワイン

さわやかな芳香。甘口の食前酒

pastis (m)
パスティス
アニスの香りを
つけたリキュール

水を加えると白濁する南仏生まれの酒

cocktail (m)
コクテル
カクテル

sans alcool
サンアルコール
アルコール抜き

glaçon (f)
グラソン
氷

酔っぱらいました
Je suis ivre
ジュスイ　イヴル

めちゃくちゃに酔っぱらった！ ※1
Je suis bourré(e)
ジュスイ　ブーレ

※1 くだけた言い回し。女性の場合は(e)がつくが発音は変わらない。

カフェ・アルコール

飲み物｜間食｜特別料理｜食材｜店と注文｜その他

41

クレープ・サンドイッチ
crêpe / sandwich
クレープ / サンドウィッチ

いくらグルメのフランス人だって、ランチや忙しいときにぱくつくのはサンドイッチやクレープの類。とはいえ、こうした軽食類にも味を追求するのがフランスだ

> どこで？／パン屋、カフェなど　人数／1人〜
> 予算／安★☆☆☆☆高　いつ？／一日中

持ち帰り用ですか？
Pour emporter ?
プール　オンポルテ

ここで食べます
C'est pour manger ici
セ　プール　マンジェ　イシイ

座ってお待ちください
Asseyez-vous en attendant
アセイエ　ヴ　オンナトンドン

持ち帰ります
C'est pour emporter
セ　プール　オンポルテ

クレープ

crêpe au chocolat et aux amandes
クレープ　オ　ショコラ　エ　オ　アモンド
チョコとアーモンド入りクレープ

チョコとアーモンドの組み合わせは定番中の定番

crêpe à la crème chantilly
クレープ　ア　ラ　クレーム　シャンティ
生クリームのクレープ

シャンティとは生クリームのこと。お腹一杯でもぺろりと食べてしまうおいしさ

ガレット

galette aux oeufs et au fromage
ガレット　オズ　エ　オ　フロマージュ
卵とチーズのガレット

そば粉を使ったガレットは塩味のクレープ。卵も入ってボリューム満点

galette aux fruits de mer
ガレット　オ　フリュイ　ドゥ　メール
シーフードガレット

ホタテなどの魚介類とクリーミーなソースで上品な味わい。軽食というよりはもはや立派な食事

どっちの crêperie （クレープ屋）に行く!?

食事として席についてナイフとフォークを使って食べるクレープ屋（写真上）と、持ち帰りが中心のファーストフード的なクレープ屋（写真下）の2種類がある。後者の店では、パニーニなどほかのメニューもある

○○入りのクレープください
une crêpe ○○ s'il vous plaît
ユヌ　クレプ　○○　シルヴプレ

クレープの具

au sucre	au chocolat	aux champignons	à la confiture	au fromage de chèvre
オ　シュクル	オ　ショコラ	オ　シャンピニオン	アラ　コンフィチュール	オ　フロマージュ　ドゥ　シェーブル
砂糖がけ	チョコクリーム	マッシュルーム	ジャム	山羊のチーズ

sandwich au camenbert
サンドウィッチ　オ　カマンベール

カマンベールチーズのサンドイッチ

クリーミーなカマンベールは具の定番。ただし、レタスなどほかの具はあまり入っていないことが多い。パンはバゲットが使われている

sandwich au poulet
サンドウィッチ　オ　プレ

とり肉のサンドイッチ

ゆでたとり肉が具。パンのおいしさでうまいまずいが大きく分かれる

sandwich au thon
サンドウィッチ　オ　トン

ツナのサンドイッチ

たっぷりのツナと、野菜などが入っている

sandwich libanais
サンドウィッチ　リバネ

レバノン風サンドイッチ

薄いピタパンに肉や野菜をたっぷり巻いてある。とてもヘルシー

sandwich suédois
サンドウィッチ　スウェドワ

北欧風パンのサンドイッチ

歯ごたえのあるバゲットのサンドイッチばかりでは顎が疲れてしまう。そこで、やわらかな北欧風パンを使ったサンドイッチも増えている

sandwich pain de mie au surimi
サンドウィッチ　パンドゥミ　スリミ

三角サンドイッチ

日本ほど多くはないが三角タイプも売られている。具のスリミとはかにかまぼこのこと

quiche provençale
キッシュ　プロヴァンサル

プロヴァンス風キッシュ

キッシュやタルト類も軽食にもってこい。パン屋さんの店頭にもさまざまな種類が並ぶ

quiche poireau
キッシュ　ポワロー

ポワローネギのキッシュ

加熱すると甘く香り高いポワローネギはキッシュによく使われる

pizza
ピッツァ

ピザ

フランスらしく山羊のチーズなどの具がのったものも

panini
パニーニ

パニーニ

店頭に並んでいるのは焼く前のパニーニ。白いコッペパンのような形で、専用機械で焼くとおいしそうな焼き目のついたパニーニの姿になる

具はチーズ、ハム、トマトなどが主流。焼き立てのアツアツを食べられるのがうれしい

サンドイッチの具

emmenthal	jambon	crudité
エメンタール	ジャンボン	クリュディテ
エメンタールチーズ	ハム	生野菜
saucisse	mixte	merguez
ソーシス	ミクスト	メルゲーズ
ソーセージ	ミックス	羊肉の辛いソーセージ

クレープ・サンドイッチ

飲み物・間食

特別料理｜食材｜店と注文｜その他

チョコレート・お土産 chocolats / souvenirs
ショコラ / スーヴニール

旅の思い出としてスーツケースに詰めるお土産類は、おいしく、皆に喜ばれるものを選びたい。ここでは、お土産の定番チョコレートと、そのほかお土産におすすめの食べ物を紹介した

どこで？／デパートなど　人数／1人〜
予算／安★★★☆☆高　いつ？／昼間

どのくらい保存できますか？
Combien de temps ça se conserve?
コンビヤン　ドゥ　トン　サス　コンセルヴ

プレゼント用の包装をお願いします	プレゼント用包装紙	プレゼント用箱
Un paquet cadeau s'il vous plaît	papier à cadeau	boîte à cadeau
アン　パケ　カドー　シルヴプレ	パピエ　ア　カドー	ボワット　ア　カドー

rocher au lait
ロッシェ　オ　レ

プラリネ入りチョコレート

砕いて煮詰めたアーモンド、プラリネがたっぷり入っている

rocher blanc
ロッシェ　ブラン

プラリネ入りホワイトチョコレート

乳製品のおいしいフランスだから、ホワイトチョコだって当然おいしい

mendiant
モンディアン

ナッツ入りチョコレート

たっぷりのナッツと細かく刻んだドライフルーツ入り

noisettes
ノワゼット

ヘーゼルナッツ入りチョコレート

日本のチョコとは、ナッツの大きさや量がケタ違い

truffes
トリュフ

トリュフチョコレート

とろりと口当たりなめらかなチョコレートの王様

orangettes
オランジェット

オレンジピール入りチョコレート

小枝の形をしたかわいらしいチョコレート。オレンジの香りがさわやか

boîte de chocolats
ボワット　ドゥ　ショコラ

チョコレート詰め合わせ

1箱20ユーロくらいから。輸送中に溶けないように気をつけたい

ivoire blanc
イヴォワール　ブラン

ホワイトチョコレート

写真のようにチョコレートのかたまりをグラム単位で売っている本格的チョコレート店もある

calissons
カリッソン

アーモンド菓子

南仏エクスアンプロヴァンスの名産品

味見できますか？
On peut goûter?
オンプー　グテ

pâte de fruits
パット　ドゥ　フリュイ

フルーツゼリー

甘く固めたブドウやオレンジなどのフルーツゼリーで、彩りもかわいらしい

nougat
ヌガ

ヌガー

重量も軽く日持ちするのでお土産にもってこい

madeleine
マドレーヌ

マドレーヌ

貝殻状の焼き菓子は、箱入りや缶入りと選択肢もいっぱい

galettes bretonnes
ガレット　ブルトヌ

ブルターニュ風ビスケット

バターをたっぷり使ったブルターニュ地方の名産品

macaron
マカロン

マカロン

小型の丸いアーモンドクッキー。チョコ、イチゴ、ピスタチオなどいろいろな味がある。専門店ラデュレが有名

sablé
サブレ

サブレ

さくさくしたクッキーは手のひらほどの大きなものが多く売られている

confiture
コンフィチュール

ジャム

カシス、ストロベリーなどの定番のほか、栗やミルク味なども

miel
ミエル

ハチミツ

南仏産のラベンダー風味なども美味

sel
セル

塩

大粒の自然塩、ハーブ入りなど種類も豊富

foie gras
フォアグラ

フォアグラの瓶詰・缶詰

カモのフォアグラなら10ユーロ程度で買える

北アフリカ料理 1　Afrique du Nord 1

マグレブと呼ばれるモロッコ、アルジェリア、チュニジアの北アフリカ三国。イスラム文化とヨーロッパの影響が混じった独自の文化を持つこの三国の料理をぜひ味わってほしい

どこで？／北アフリカ料理レストラン　人数／2人〜
予算／安★★☆☆☆高　いつ？／昼から夜

（本書を指さして）　これはありますか？
Avez-vous ça ?
アヴェヴ　サ

はい、あります
Oui, on en a
ウイ　オンノンナ

いいえ、ありません
Non, on n'en a pas
ノン　オンノンナパ

クスクスとその材料

couscous
クスクス

クスクス
（出来上がり図）

もはやフランスの食生活に切っても切り離せなくなったクスクス。比較的安価でボリュームたっぷりのこの料理は、滞在中に一度は食べてほしいもの

semoule
スムール

デュラムセモリナの粒

北アフリカ料理の基本ともいえる素材、スムール。デュラムセモリナの粒を挽いて、蒸したものがクスクスの粒になる

viandes
ヴィヤンド

グリルした肉

仔羊やとり肉、串焼きなどがクスクスに添えられる肉。ボリュームたっぷり

condiments
コンディマン

調味料

香辛料入り唐辛子アリッサや、煮たひよこ豆をスープに加える

bouillon pour couscous

クスクスのスープ

野菜は玉ネギやにんじん、ズッキーニなどがたっぷり

couscous poulet
クスクス　プーレ

とり肉のクスクス

香ばしく焼けた大きなとり肉がのっている

couscous merguez
クスクス　メルゲーズ

羊肉ソーセージのクスクス

羊肉のソーセージはクスクスとの相性が一番

couscous agneau
クスクス　アニョー

仔羊のクスクス

羊肉の中でもクセがなく、食べやすいのが仔羊（アニョー）

tagine berbère
タジヌ　ベルベール

仔羊と豆の煮込み

円すい形のふたがついた独特の器で蒸し煮した料理がタジヌ。肉がとろりとやわらかく煮える

tagine poulet aux prunes
タジヌ　プレ　オ　プリュヌ

とり肉とプルーンの煮込み

肉をやわらかくするプルーンとともにじっくり煮た

harirra
アリラ

モロッコ風スープ

羊のブイヨンを使ったこくのあるスープ。色は赤いが辛くはない

brick à l'agneau
ブリック　ア　ラニョー

ひき肉のブリック包み

ブリックという薄い皮は、このようにパイ風で前菜にしたり、砂糖をからめてデザートにしたりする

brick aux oeufs
ブリック　オ　ズー

卵のブリック包み

卵を1個包んで揚げたブリックは前菜の定番

brick au fromage
ブリック　オ　フロマージュ

チーズのブリック包み

コクのあるシェーブル（山羊のチーズ）を包んだもの

pastilla au pigeon
パスティラ　オ　ピジョン

ハト肉の包み揚げ

ハトひき肉を包んで揚げたもので、粉砂糖がふってありほのかに甘い。おすすめの一品

merguez
メルゲーズ

羊肉のソーセージ

クスクスのほか、サンドイッチにはさんだりと大活躍。屋台もあってじゅうじゅう香ばしい匂いがあたりに漂う

crêpe semoule
クレープ　スムール

スムールで作られたクレープ

普通のクレープより歯ごたえがある。炒めた野菜などをはさんで食事として食べる

pain semoule
パン　スムール

スムールで作られたパン

かたく、少しさくさくした歯触りの塩味のパン

特別料理

食材

店と注文

その他

北アフリカ料理2

モロッコ、アルジェリア、チュニジア三国からの移民の多くは、イスラム教の戒律と食文化を守って暮らしている。日本ではなかなか垣間見ることのできない、独自の世界を少しだけ体験してみよう

どこで？／マグレブ系商店など　　人数／1人〜
予算／安★★☆☆☆高　いつ？／一日中

（本書を指さして）　これはありますか？
Avez-vous ça?
アヴェヴ　サ

はい、あります
Oui, on en a
ウイ　オンノンナ

いいえ、ありません
Non, on n'en a pas
ノン　オンノンナパ

harissa
アリッサ

香辛料入り唐辛子ペースト

クスクスやサンドウィッチにも使われるペーストで、かなり辛い

semoule
スムール

クスクス用スムール

1箱2ユーロ程度で、どこのスーパーにも置かれているメジャーな存在

feuilles de brick
フォイユ　ドゥ　ブリック

薄いパイシート

肉などを中に入れて焼いたり揚げたり、さまざまな用途に使われる皮

boîte de couscous
ボワット　ドゥ　クスクス

クスクスのインスタントセット

箱の上の部分にスムール、下にソースが入っている。一緒に火にかけるだけ、という簡単さ！

saucisse musulmane
ソーシス
ミュジュルマヌ

イスラム教徒のソーセージ

豚肉を食べないイスラム教徒のために、とり肉で作られている

citron confit
シトロン　コンフィ

レモンのコンフィ

長時間漬け込んで独特の風味を持ったレモン。肉と一緒に煮ても美味

doigt d'or
ドワ　ドー

アルジェリア風フィンガービスケット

doigtとは指のこと。アーモンドがたっぷり入っている

baklawa
バクラワ

ココナッツとアーモンドのお菓子

さくさく、しっとりの焼き菓子。ミントティーと一緒に食べたい

rzimette el aroussa
リジメット　エル　アルサ

ナッツのパイ包み菓子

アルジェリア菓子の定番。ピスタチオ入りなどがある

有名料理｜一番人気｜ママンの味｜地方料理｜飲み物｜闇食｜**特別料理**

Afrique du Nord 2

中に何が入っていますか？
Qu'est-ce qu'il y a dedans?
ケスキリヤ　ドゥドン

thé à la menthe
テ ア ラ モント

ミントティー

小さなガラスコップに入って出てくる。砂糖がたっぷり入っている

dattes
ダット

なつめやしの実

北アフリカ諸国の人々が日常的に食べている。ラマダン（断食）開けのお祝いでも食される

sucre glacé
シュクル　グラセ

砂糖焼き菓子

ほろほろとした食感が繊細な定番のお菓子

datte fourrée
ダット　フレ

なつめやしを包んだお菓子

なつめやしをマジパンと砂糖でコーティングしたもの

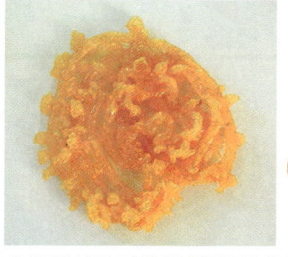

zlabia
ズラビア

はちみつのお菓子

さくさくやわらかな食感。見た目ほどは甘くない

pâte d'amande
パット　ダマンド

マジパンのお菓子

マジパンを使ったお菓子は色合いが美しい。お祝い事などにも使われる

【水煙草】

narguilé
ナルギレ

水煙草（水パイプ）

独特のフォルムも美しい水煙草は，専門のサロンドテで挑戦できる。吸って煙をはくのはもちろん普通の煙草だが，いちごやメロンなどの香りつきで，1回1時間ぐらい楽しめる

ギリシャ・トルコ料理 Grec / Turc
グレック / テュルク

地中海に面したこれらの国の料理は、素材の味を生かした素朴な味付けが魅力。薄切り肉をはさんだケバブサンドのお店などはひとりでも気軽に入れるので、個人旅行者の頼もしい味方だ

有名料理｜一番人気｜ママンの味｜地方料理｜飲み物・軽食｜**特別料理**

Grec / Turc

どこで？／レストラン、惣菜店など　　人数／1人でもOK
予算／安★☆☆☆☆高　いつ？／一日中

名物料理は何ですか？
Qu'est-ce que c'est votre spécialité?
ケスクセ　ヴォトルスペシャリテ

（本書を指さして）コレください
Je prends ça
ジュ　プロン　サ

ケバブ屋

restaurant grec / turc
レストラン　グレック/テュルク

ギリシャ／トルコ
レストラン

ロースターでこんがりと焼かれた羊肉を、目の前で薄切りにしてパンにはさんでくれる。フリット（ポテトフライ）やコーラなどのドリンクをセットにしても4ユーロ程度と手頃で、夜遅くまで営業している店も多い

sandwich grec
サンドウィッチグレック

ギリシャ風
サンドウィッチ

またの名をケバブサンド。肉の良し悪しが味の決め手。

adana kebab
アダナ　ケバブ

ひき肉の串焼き

つけ合わせにはサラダと、ピラフに似たプレ（麦）がつく

aubergine farcie
オーベルジヌ
ファルシ

なすの詰め物

なすは地中海沿岸諸国では中心的野菜。ひき肉入り

---

kofte
コフト

羊肉串焼きのトマトソース添え

プレがついてボリュームたっぷりのトルコ風定食

poulet à la tomate
プレ　ア　ラ　トマト

とり肉のトマトソテー

フランス地方料理などでも見かける定番の組み合わせをトルコ風にアレンジ

pita pain
ピタパン

トルコパン

外側はカリッ、中はモチモチのトルコ風パン。サンドイッチなどにも使われる

---

tarama
タラマ

たらこディップ

トルコやギリシャのほかフランスの惣菜店でも見かける人気の前菜。塩辛いがクセになるおいしさ

yaourt à l'ail et à la menthe
ヤオルト　アライユ　エ　アラモント

きゅうりのヨーグルト和え

ミントの香りがさわやか。タラマとともにぜひ試してほしいおすすめの品

olives
オリーブ

オリーブ

唐辛子詰めやハーブマリネなど種類豊富。酒のつまみの定番

トルコとギリシャは比較的似た料理、素材を使ったものが多く、どちらの国のものと限定するのは難しい。たとえば、ケバブサンド屋はトルコ人の経営の店も多いが、サンド自体には「ギリシャ風サンドウィッチ」と名前がついている。

メニューをお願いします
La carte s'il vous plaît
ラ　カルト　シルヴプレ

何の肉ですか？
Quelle viande?
ケル　ヴィヨンド

moussaka
ムサカ

なすの重ね焼き

なすにひき肉とチーズ、トマトなどを重ねて焼いた人気のメニュー

feuilles de vigne
フォイユ　ドゥ　ヴィニュ

ぶどうの葉のマリネ

米やハーブがやわらかなぶどうの葉に包まれている

salade haricots verts
サラドゥ　アリコヴェール

白インゲン豆のサラダ

大粒の白いんげん豆をトマトソースであえたギリシャ風サラダ

salade à la feta
サラドゥ　アラ　フェタ

フェタチーズのサラダ

フェタチーズがたっぷりのった、どこのレストランでも見かけるサラダ

calamar mariné
カラマール　マリネ

イカのマリネ

小ぶりのイカをレモンと香味野菜でマリネしてあっさりと仕上げた前菜

caviar d'aubergine
キャビア　ドベルジヌ

なすのペースト

焼きなすをつぶしてペーストにしたもの。カナッペなどにのせて食べる大人気のお惣菜

salade chypriote
サラダ　キプリオット

キプロス島風サラダ

チーズとパプリカが入ったギリシャ、キプロス島生まれのサラダ

bautargue
ボタルグ

ボラの卵

ボラの卵は高級珍味のひとつ。酒のつまみにぴったり

feuillettes feta
フォイエット　フェタ

フェタチーズのパイ皮包み

名産のフェタチーズをパイで包んだ一品。さくさくした食感がたまらない

feta
フェタ

羊のチーズ

ギリシャでもっとも好まれているチーズ

helva
エルバ

ごま入り砂糖菓子

ゴマの香りがほのかに香る焼きギリシャ風焼き菓子。ピスタチオ入り

gâteau au miel
ガトー　オ　ミエル

ハチミツとココナツのケーキ

ハチミツでしっとりとしたスポンジケーキ。ココナツのほのかな風味がきいている

レバノン・ユダヤ料理 Liban / Juif
リバン / ジュイフ

近年その数が急増したといわれるレバノンレストラン。人気のファラフェルをはじめ、野菜や豆を多く使ったヘルシーさが受けている。一方、パリを中心に多いユダヤ人の料理は、世界各国の影響を受けて独特の文化を形成。日本でもおなじみのベーグルなどがその代表だ

どこで？／レバノンレストラン、ユダヤレストラン　人数／1人〜
予算／安★☆☆☆☆高　いつ？／一日中

1人前お願いします
Pour une personne s'il vous plaît
プーユヌペルソンヌ　シルヴプレ

中に何が入っていますか？
Qu'est-ce qu'il y a dedans?
ケスキリヤ　ドゥドン

falafel
ファラフェル
ひよこ豆の揚げ物

この揚げ物と野菜をたっぷりはさんだのがファラフェルサンドイッチ。パリのマレ地区などで行列ができる人気のサンドウィッチだ

chaussons / rissole au fromage
ショソン／リソル　オ　フロマージュ
チーズの揚げ物

ショソン、リソルとも包み揚げのこと。具はチーズやひき肉のほかほうれん草などさまざまな種類がある

hommos
ホモス
ひよこ豆のピュレ

ひよこ豆をつぶしたオードブルで、すっぱさがクセになる味。サンドイッチのソースにしたりもするレバノン料理の定番メニュー

chaussons / rissole à la viande
ショソン／リソル　ア　ラ　ヴィヨンド
ひき肉の揚げ物

味がついているのでレモンをぎゅっとしぼって食べる

saucisses épicées
ソーシス　エピセ
スパイスのきいたソーセージ

オリエンタルなスパイスのきいたソーセージ。おつまみやサンドイッチの具にもなる

fromage de chèvre épicé
フロマージュ　ドゥ　シェーヴル　エピセ
山羊チーズのサラダ風

ピリッとしたスパイスのきいたチーズの和え物。山羊チーズは好き嫌いが分かれる

salade tomate orientale
サラドゥ　トマト　オリエンタル
トマトサラダ

つぶしたトマトにスパイスをきかせたもの。不思議なおいしさ

kebbeh
ケベー
ひき肉とブレ（小麦）のケーキ

ケーキの形をしているがもちろんおかず。ボリュームたっぷり

人気の高いファラエル

野菜がたっぷり入って人気のファラフェルサンドイッチ。パンからはみ出しそうなほど具がたっぷりだ。近頃はファーストフード仕様の店まで登場した

purée d'aubergine
ピュレ　ドベルジヌ

なすのピュレ

なすをつぶしてレモンやごまを加えたもの。ギリシャ料理などにもあるが味は店によって異なる

taboulé
タブレ

タブレ

フランス家庭にも広く普及しているサラダ。ハーブが多く、スムール（クスクス用の粒）ではなくブレ（小麦）を使うのが本場流とか

piment farci au fromage
ピモン　ファルシ　オ　フロマージュ

唐辛子のチーズ詰め

唐辛子はピクルスになっていて辛いものとそうでもないものがある

pain libannais
パン　リバネ

レバノンパン

中を開いて詰められるようになっている。そのまま食べてもおいしくないが具と共に食べると格別

fromage blanc
フロマージュ　ブラン

フロマージュブランのサラダ風

オリーブオイルをかけてサラダ風に食べる。レバノンのフロマージュブランは味が濃くておいしい

bagle
ベーグル

ベーグル

油脂分の少ないベーグルはヘルシーで腹持ちもいい。近頃はベーグルサンドウィッチのお店もできた

---

bourma
ブールマ

ピスタチオのお菓子

さまざまな種類のあるレバノンの菓子だが、一番のおすすめはこれ。ピスタチオの香りととろりとした甘みがたまらない

mamoul
マムール

サブレ風焼き菓子

フルーツの香料がきいたさくさくした菓子

gâteau au fromage blanc
ガトー　オ　フロマージュ　ブラン

チーズケーキ

フランスでは不思議とチーズケーキの種類が少ないが、ユダヤ料理店で見かけるこのチーズケーキは絶品

レバノン・ユダヤ料理

特別料理｜食材｜店と注文｜その他

アジア料理 Asie
アジー

フランス滞在中にぜひとも味わってほしいのが、ベトナムを中心とする東南アジア料理とチベット料理。価格も手頃でフランス人の間でも人気が高い。

どこで？／レストラン、食堂で　人数／1人〜
予算／安★★☆☆☆高　いつ？／昼、夜

（本書を指さして）
これが食べたいです
Je voudrais manger ça
ジュヴドレモンジェ　サ

ミネラルウォーターをください
**De l'eau minerale
s'il vous plaît**
ドゥ　ローミネラル　シルヴプレ

東南アジア

phô
フォー

ヴェトナム麺

ベトナム麺フォーはフランスでも大人気。たっぷりの野菜をのせる

nem
ネム

揚げ春巻き

特製ソースで揚げたてを食べるのが一番おいしい。中華レストランにもおいてある

soupe pâte de riz piquante
スープ　パット　ドゥ　リ　ピコント　※1

辛口汁麺

米でできた麺を使った辛口の麺。コリアンダーの香りがさわやか

crêpe vietnamienne
クレープ　ベトナミエンヌ

ベトナム風
お好み焼き

小麦粉入り卵焼きでたっぷりの野菜を包んだベトナム料理の定番

salade de papaye
サラ　ドゥ　パパイユ

青パパイヤの
サラダ

青パパイヤを使ったサラダは酸味と辛味のコンビネーションが絶妙

spécialité vietnamienne à la vapeur
スペシャリテ　ベトナミ　アン　ア　ラ　バパー

ベトナム風蒸し
春巻き

豚肉などの具が入った人気メニューのひとつ。ア　ラ　バパーとは蒸し物のこと

pâtes de riz au bœuf
パット　ドゥ　リ　オウ　ブッフ

牛肉炒め麺

タイ風のようなベトナム風のようなこうした麺類はたくさんの種類がある

sou-sa
スーサ

氷入りデザート

豆やゼリー、ココナッツミルクの入ったデザートはなぜか昔懐かしい味

有名料理｜一番人気｜マンの味｜地方料理｜飲み物・間食｜**特別料理**

Asie

デザートは何がありますか？
Qu'est-ce que vous avez comme dessert ?
ケスク　ヴザヴェ　コム　デセール

中国・チベット

soupe tibétaine aux épinards
スープ　チベティヌ　オ　ゼピナール

チベット風ほうれん草スープ

肉とほうれん草入りでとろみのついた
コクのあるスープ

soupe à la viande et aux légumes
スープ　アラ　ビヨンド　エ　オ　レギューム

チベット風野菜と肉のスープ

野菜と肉の細切りがたっぷり入った
ボリューム満点のスープ。中華のスープに近い

sauté de gigot d'agneau
ソテ　ドゥ　ジゴ　ダニョー

チベット風肉野菜炒め

仔羊の肉と野菜を炒めたチベット風
ごはんのおかず

raviolis tibétain
ラビオリ　チベタン

チベット風ギョウザ

チベット風のこの蒸しギョウ
ザは、形が丸く皮が厚め。モ
モという現地風の名前で呼
ばれることもある

bouchées aux porcs et crevettes
ブッシェ　オ　ポル　エ　クレベット

豚肉とえびのシュウマイ

ブッシェとは「ひと口」のこと
で、シュウマイがひと口サイズ
のことからこう呼ばれている

poulet à l'ail et à la coriandre
プレ　ア　ライユ
エ　アラ　コリアンドル

ニンニクとコリアンダー
風味のとり肉

コリアンダーとニンニクの
風味で、あっさりとしたとり
肉がアジア風の味付けに

poisson à la vapeur
ポワッソン　アラ
バパー

白身魚の蒸し物

淡白な白身魚をコクのある
中華風ソースでいただく

chou chinois à la sauce d'huître
シューシノワ　アラ
ソースドユイットル

白菜のかき油炒め

肉が入っていないので八宝
菜とは呼べないが、味わいは
それに近い

beignet nature
ベニエ　ナチュール

中華風揚げパン

ベニエとは衣のついた揚げ
物全般をさす。パンのかわり
に出す店もある

アジア料理

特別料理｜食材｜店と注文｜その他

55

野菜 légumes
レギューム

広く豊かな土地で育まれたフランスの野菜は、日本のものにくらべて大ぶりで味も濃厚。市場で購入すれば新鮮で値段も手頃だ。アンディーブやアーティチョークなど日本ではまだめずらしい野菜もぜひ試してみたい

どこで？／市場、スーパーなど　人数／1人〜
予算／安★☆☆☆☆高　いつ？／一日中

あなたは何の野菜が好きですか？
Quel légume aimez-vous ?
ケル　レギューム　エメブ

これは好きですか？
Vous aimez ça?
ブ　ゼメ　サ

---

pomme de terre (f)
ポム　ド　テール

じゃがいも
つけあわせ野菜の定番

rosewel (m)
ロズウェル
じゃがいもの一種
皮は赤いが味はじゃがいもに近い

potiron (m)
ポティロン
かぼちゃ
スープに使われることが多い

artichaut (m)
アーティチョーク

チョウセンアザミ
ゆでてサラダなどにして食べる

courgette (f)
クルジェット

ズッキーニ
丸型と日本でも見かける細長い種類がある

endive (f)
アンディーブ

西洋チコリ
サラダやグラタンに。ほのかな苦味がある

chou de Bruxelles (m)
シュー　ドゥ　ブリュッセル

芽キャベツ
シチューなどに用いられる

chou vert (m)
シューベール
キャベツ
日本よりかたく葉がしまっている

brocoli (m)
ブロッコリ

ブロッコリー
つけあわせなどに用いられる

navet (m)
ナヴェ

かぶの一種
ポトフなどの煮物に

tomate (f)
トマト

トマト
味が濃くさまざまな料理に使われる

poivron (m)
ポワブロン

ピーマン
緑、赤、黄色とバリエーション豊か

aubergine (f)
オーベルジヌ

なす
日本のものより数倍大きい

carotte (f)
キャロット

にんじん
甘みが強く、そのまま食べることも

haricots verts (m)
アリコベール

さやいんげん
つけあわせとしてバター炒めなどに

poireau (m)
ポワロー

ねぎ
煮込み料理などに多く用いられる

asperge (f)
アスペルジュ

アスパラガス
春の到来を告げる野菜

fenouil (m)
フヌイユ

ウイキョウ
サラダなどにして食べる

mâche (f)
マッシュ

ノジシャ

ドレッシングをかけてサラダで食べる

laitue (f)
レッチュ

サラダ菜

レストランでも食卓でも欠かせないサラダの定番

épinard (m)
エピナール

ほうれんそう

グラム単位で売られていることが多い

persil (m)
ペルシル

パセリ

香味野菜、彩りとして多用される

radis (m)
ラディ

ラディッシュ

そのまま塩などをつけて食べる

céreli-rave (m)
セルリ ラブ

根セロリ

サラダなどに使われる。香りは弱め

cresson (m)
クレソン

クレソン

苦味のあるサラダ用野菜

champignons de Paris (m)
シャンピニオン ドゥ パリ

マッシュルーム

大粒で生で食べてもおいしい

girolle (f)
ジロール

ジロール茸、アンズタケ

バターソテーなどにして食べる

lentille (f)
ロンティユ

レンズ豆

煮込みやスープなど幅広く使われる

pois chiche (m)
ポワ シシ

ひよこ豆

クスクスに欠かせない豆

野菜

白アスパラガス

asperge blanche (f)
アスペルジュ ブランシュ

煮込み料理などに使われる

カリフラワー

chou-fleur (m)
シューフラー

日本より大きく実もかため

エシャロット

échalote (f)
エシャロット

香味野菜として使われる

ルッコラ

roquette (f)
ロケット

苦味のあるサラダ用野菜

チェリートマト

tomate cerise (f)
トマト スリーズ

彩りに重宝される

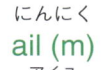

にんにく

ail (m)
アイユ

イタリアほどではないが料理に幅広く活躍

もやし

germe de soja (m)
ジェルム ドゥ ソジャ

アジアの野菜としてスーパーにも定着

たまねぎ

oignon (m)
オニオン

さまざまな料理に活躍

きゅうり

concombre (m)
コンコンブル

日本のものより数倍太い

白菜

chou chinois (m)
シューシノワ

中国のキャベツという意味

フルーツ fruits
フリュイ

そのまま食べるのはもちろん、お菓子や料理のソースにと幅広く使われるフルーツ類。マルシェやスーパーで、量り売りで買って味わってみよう

〜を1キロください
Je voudrais un kilo de 〜
ジュ　ヴドレ　アンキロ　ド　〜

今が旬の果物は何ですか？
Quel fruit trouve-t-on à cette saison ?
ケル　フリュイ　トゥルーヴットン　ア　セット　セゾン

pomme (f)
ポム

リンゴ

お菓子をはじめ、シードルやカルヴァドスなどアルコール類の原料にもなる

orange (f)
オランジュ

オレンジ

安価で栄養タップリ。自然の甘みたっぷりのフレッシュオレンジジュースもぜひ味わってほしい

citron (m)
シトロン

レモン

魚介類はもちろん肉料理のソースに使ったりと活用範囲は広い

citron vert (m)
シトロン　ヴェール

ライム

レモン同様、活用範囲は広く、そのさわやかな酸味は料理の味を引き立てる

clémentine (f)
クレモンティヌ

みかん

こたつでみかん、とはいかないが、フランスでもみかんは人気。たまにとても酸っぱいものもある

poire (f)
ポワール

洋梨

お菓子によく使われる。甘く実がとてもやわらかい

ananas (m)
アナナス

パイナップル

その発音からバナナと混同してしまいそうだが、パイナップルのこと。甘くジューシー

banane (f)
バナヌ

バナナ

バナナではなく発音は「バナヌ」。1キロ1ユーロ程度と安い

pamplemousse (m)
パンプルムス

グレープフルーツ

アヴォカドなどと合わせてサラダにすることも

sweety (m)
スウィーティ

スウィーティ

まだ一般的ではないが、徐々に人気が高まりつつある

raisin (m)
レザン

ブドウ

フランスはブドウの名産地。甘くみずみずしい

melon (m)
ムロン

メロン

日本ほど高級ではなく、気軽に食べられる。種類も豊富

kiwi (m)
キウイ

キウイ

ビタミンたっぷりで安価な点が注目されている

kaki (m)
カキ

柿

日本名の柿、あるいは英語名シャロンという名で普及している

～個ください
Je voudrais ～
ジュ　ヴドレ

1	un / une アン / ユヌ	2	deux ドゥー
3	trois トロワ	4	quatre キャトル

フルーツ

marché
マルシェ

市場

果物や野菜はやはりマルシェ（市場）で買うのが一番新鮮で安い。量り売りが基本

prune (f)
プリュヌ

プルーン

お菓子に使ったりドライプルーンにしたり、活躍範囲が広い。生で食べてももちろん美味

noix de coco (f)
ノワ　ドゥ　ココ

ココナツの実

南洋のフルーツというイメージが強いが、実はフランス菓子にもたくさん使われている

grenade (f)
グレナドゥ

ざくろ

シロップなどの原料としても。独特のすっぱさがクセになる

fruit dragon (m)
フリュイ　ドラゴン

ドラゴンフルーツ

中華系スーパーや商店ではこうしたエキゾチックな果物も手に入る

marron (m)
マロン

栗

10月頃になると焼き栗の屋台やマロングラッセが店先に出回って秋の深まりを告げる

noix (f)
ノワ

くるみ

フランス料理によく登場するnoix de ～というのは「くるみ状のもの」を表現する言葉

datte (f)
ダット

なつめやし

とくにアラブ諸国で日常的に食べられている

mangue (f)
マング

マンゴー

独特の甘さと芳香が美味。ジュースにしてもおいしい

litchi (m)
リチー

ライチ

もともとはアジア系移民が持ち込んだものだろうが、今ではすっかりフランスに浸透

avocat (m)
アヴォカ

アヴォカド

エビとマヨネーズソースで和えたサラダをはじめ、さまざまな料理に活躍

食材

店と注文｜その他

fraise (f) フレーズ いちご	cerise (f) スリーズ さくらんぼ	abricot (m) アプリコ アプリコット	framboise (f) フランボワーズ 木いちご	pêche (f) ペッシュ 桃
figue (f) フィグ いちじく	pastèque (f) パステック すいか	cassis (m) カシス 黒すぐり	nectarine (f) ネクタリヌ ネクタリン	papaye (f) パパイユ パパイヤ

ハム・ソーセージ jambon / saucisse
ジャンボン / ソーシス

スーパーや肉屋に行くと、ハム、ソーセージをはじめとする加工肉の種類があまりにも多いのに驚く。お土産にできないのは残念だが、滞在中にぜひさまざまな種類の肉を味わってみよう

どこで？／スーパー、豚肉加工肉店　人数／1人〜
予算／安★★☆☆☆高　いつ？／一日中

有名料理 一番人気 ママンの味 地方料理 飲み物 間食 特別料理 食材

jambon / saucisse

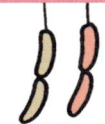

（本書を指さして）　これください
Je prends ça
ジュ　プロン　サ

これは何の肉ですか？
C'est quelle viande ?
セ　ケル　ヴィヤンド

このまま生で食べられますか？
On peut manger ça cru?
オン　プー　マンジェ　サ　クリュ

rillettes d'oie
リエット　ドワ
ガチョウのリエット

ひき肉をラードで煮込み、器に入れて冷やし固めたもの

rillettes de porc
リエット　ドゥ　ポル
豚肉のリエット

独特の風味があり、ワインやパンと一緒に食べるのが最高

porc rôti
ポル　ロッティ
焼豚

総菜屋や加工肉店では一枚一枚スライスしてくれる

filet de dinde rôtie
フィレ　ドゥ　ダンド　ロッティ
七面鳥の焼肉

豚肉よりもややあっさりした味

jambon de Bayonne
ジャンボン　ドゥ　バイヨヌ
バイヨンヌ産ハム

フランス南西部、スペインにも近いバイヨンヌはハムの名産地

jambon de Parme
ジャンボン　ドゥ　パルム
パルマ産ハム

お隣のイタリア、パルマ産の生ハム。前菜やサンドイッチなどに

saucisse lentilles
ソーシス　ロンティユ
ソーセージのレンズ豆煮

繊維たっぷりのレンズ豆と一緒に煮込んだ素朴なお惣菜

boudin aux oignons purée
ブーダン　オ　ゾニオン　ピュレ
ブーダンのオニオンピューレ添え

フランスの代表的食材、ブーダンはソテーして食べる。オニオンピューレは定番の組み合わせ

肉屋の種類

一般的な肉屋 	**boucherie** ブシェリー	
豚肉やお惣菜などの店	**charcuterie** シャルキュトリー	
とり肉など家禽類を扱う店	**volailler** ヴォライエ	

Francfort
フランクフォール
フランクフルト

日本でもなじみ深いソーセージ

saucisson pur porc
ソーシソン ピュル ポル
豚肉のサラミ

いわゆるサラミをsaucisson, 加熱して食べるソーセージをsaucisseと呼んでいる

petit saucisson
プチ ソーシソン
ミニサイズのサラミ

サラミとはいってもあらゆる種類がある。これはひと口サイズ

saucisson sec aux herbes
ソーシソン セック オ ゼルブ
サラミのハーブ包み

ハーブで覆われた香り高いサラミ

rosette
ロゼット
リヨンのミニサラミ

リヨンの名産品。もともとrosetteとは勲章の意味

saucisse de Lyon
ソーシス ドゥ リヨン
リヨン産ソーセージ

美食の町リヨンには豚肉加工品の名産品がたくさん。これもそのひとつ

museau de porc
ミュゾ ドゥ ポル
豚の鼻口肉

玉ねぎやハーブとともにマリネして食べる

boudin noir
ブーダン ノワール
黒ブーダン

黒と白の2種類があるブーダン。豚の血を固めたもの

chorizo
チョリゾ
チョリソ

ピリッと辛いソーセージはおつまみにしたり、サンドイッチにしたり

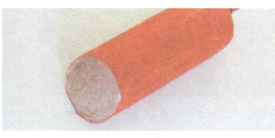

cervelas
セルヴラス
にんにく入りソーセージ

にんにくのきいたソーセージ。どこの店にもある

jambon de Bourgogne
ジャンボン ドゥ ブルゴーニュ
ブルゴーニュ産ハム

パセリがたっぷり入った風味豊かなブルゴーニュハムが使われている

saucisse brioche
ソーシス ブリオッシュ
ソーセージ入りブリオッシュ

バターたっぷりのやわらかなブリオッシュとソーセージの軽い塩気のハーモニーが美味

ハム・ソーセージ

食材

店と注文

その他

ハーブ・調味料 herbes / condiments
ヘルブ / コンディモン

料理の味の決め手となる調味料やハーブも、フランスならではの名産品がたくさんある。手軽に買えて、荷物にもならないので、お土産にもぴったりだ

どこで？／マルシェ、専門店　人数／1人〜
予算／安★☆☆☆☆高　いつ？／一日中

これは何の料理に使いますか？
Avec quel aliment l'utilise-t-on ?
アヴェック　ケル　アリモン　リュッティリーズトン

肉料理に使います
Avec la viande
アヴェック　ラ　ヴィヤンド

魚料理に使います
Avec le poisson
アヴェック　ル　ポワッソン

basilic (m)
バジリック

バジリコ

南仏でも多く栽培されている

anis (m)
アニス

アニス

フランスで人気のリキュール、パスティスにも使われている

estragon (m)
エストラゴン

エストラゴン

フランスではフレッシュの葉も手に入る。消化にいいとされている

romarin (m)
ローマラン

ローズマリー

肉料理の香りづけなどに

menthe (f)
モント

ミント

ミントティーやカクテルなどにも使われる

ciboulette (f)
シブレット

アサツキ

クリームチーズにまぜたり、用途はさまざま

coriandre (f)
コリアンドル

コリアンダー

ベトナム料理をはじめ、近頃はフランス料理にも使われはじめた

bouquet garni (m)
ブーケガルニ

ブーケガルニ

数種のハーブを束ねて乾燥させたもの

thym (m)
タン

タイム

フレッシュもスーパーなどで簡単に手に入る。トマト料理などに使われる

cerfeuil (m)
セルフォイユ

チャービル

laurier (m)
ロリエ

月桂樹の葉

marjolaine (f)
マルジョレヌ

マジョラム、マヨラナ

sauge (f)
ソジュ

セージ

sarriette (f)
サリエット

キダチハッカ

sel (m)
セル

塩

大粒の自然塩やハーブ入りなど種類豊富

poivre (m)
ポワヴル

コショウ

コショウ挽きでその都度ひいて使うのがおすすめ

moutarde (f)
ムタルド

マスタード

ディジョン産のものが有名

vinaigre (m)
ヴィネグル

酢

ワインやリンゴのビネガーが主流

mayonnaise (f)
マヨネイズ

マヨネーズ

自分で手作りしている家庭も多い

beurre (m)
ブール

バター

無塩と有塩の2種類がある。その種類の豊富さとおいしさは日本の比ではない

ketchup (m)	huile d'olive (f)	vinaigrette (f)	vinaigre balsamique (m)
ケチュップ	ユイル ドリーヴ	ヴィネグレット	ヴィネグル バルサミック
ケチャップ	オリーブオイル	ドレッシング	バルサミコ酢

cumin (m)	curry (m)	safran (m)	cardamome (f)
キュマン	キュリー	サフラン	カルダモム
クミン	カレー粉	サフラン	カルダモン

cannelle (f)	paprika (m)	persil (m)	herbe de provence (f)
カネル	パプリカ	ペルシル	エルブ ドゥ プロヴァンス
シナモン	パプリカ	パセリ	ハーブミックス

piment (m)	gingembre (m)	ail (m)	ailloli (m)
ピモン	ジャンジョンブル	アイユ	アイオリ
唐辛子	しょうが	にんにく	にんにく入りマヨネーズ

ハーブ・調味料

食材

店と注文

その他

sauce soja (f)	sauce de poisson (f)	pâte de soja fermentée(f)	huile de sesame (f)	sauce aux piments (f)
ソース ソジャ	ソース ドゥ ポワッソン	パット ドゥ ソジャ フェルモンテ	ユイル ド セザム	チリソース
しょうゆ	ニョクマム	ミソ	ごま油	唐辛子ソース

看板とおいしい店探し enseigne
アンセイニュ

町を散策してお腹がすいてきたら、旅の大切な課題であるおいしいレストラン探し。慣れないフランス語は難しいが、看板にもいくつか決まった表記があるので、それを覚えておけばきっと役に立つ

有名料理｜一番人気｜ママンの味｜地方料理｜飲み物 間食｜特別料理｜食材｜**店と注文**

enseigne

何名様ですか？				
Vous êtes combien? ヴゼット　コンビヤン				
〜人です On est 〜 オンネ	2（人） **deux** ドゥー	3（人） **trois** トロワ	4（人） **quatre** キャトル	5（人） **cinq** サンク

店の種類

café
カフェ
喫茶店

とくにパリには、フランス文化を代表する有名カフェがたくさんある

bras-serie
ブラッスリー
ブラッスリー

ビールや簡単な食事を出すお店。昼間からカウンターでおじさんたちがビールを飲んでいる

salon de thé
サロン ドゥ テ
喫茶店

紅茶の種類や、キッシュなどの軽食類が充実

salon de thé d'Afrique du Nord
サロン ドゥ テ ダフリック デュ ノール
北アフリカ（イスラム文化）系喫茶店

水煙草とミントティーが飲める。インテリアもエキゾチック（ラクダはもちろん人形）

restaurant
レストラン
レストラン

おいしい店かどうかの決め手は客の入り具合。ただし夜8時以降でないとどこも混雑しない

restaurant régional
レストラン レジオナル
地方料理レストラン

カントリー風のインテリアだったり、ウインドウに名物料理が大きく書いてあることが多い

bistrot
ビストロ
ビストロ

町の定食屋、といった趣き。インテリアもかわいらしい

crêperie
クレープリー
クレープレストラン

軽食ではなく、ナイフとフォークで食事としてクレープを出す

snack-bar
スナックバー
軽食スタンド

パニーニやクレープ、サンドイッチを扱う

traiteur chinois
トレターシノワ
中国料理レストラン

町の至る所にある、持ち帰りも頼める中華。便利だが味が画一的

restaurant rapide
レストラン ラピッド
ケバブレストラン

サンドイッチグレック（ケバブ）が中心のトルコ、ギリシャ料理

restaurant d'Afrique du Nord
レストラン ダフリック デュ ノール
北アフリカ料理レストラン

クスクスはすっかりフランス食文化のひとつになった

boulangerie
ブランジュリー
パン屋
朝と夕方6時ぐらいは焼きたてのバゲットが買える

fromagerie
フロマジュリー
チーズ専門店
自分の好みのチーズを店のスペシャリストに相談して

boucherie
ブッシュリー
肉屋
その豊富な肉の種類に驚かされる

よく見かける看板の表記

menu à ○○euros	Menu de midi	entrée
ムニュ ア ○○ユーロ ○○ユーロのムニュ（定食コース）	ムニュ ドゥ ミディ ランチタイムのみのコース	オントレ 前菜
plat	dessert	prix net
プラ メイン料理	デセール デザート	プリ ネット 明朗会計

好みの店を見つける

～がおいしいレストランを知っていますか？

Connaissez-vous un bon restaurant de ～ ?

コネセヴ アン ボン レストラン ドゥ ～ ?

restaurant reputé
レストランレピュテ
評判の店

restaurant de luxe
レストラン ドゥ リュクス
シックな高級店

restaurant animé
レストラン アニメ
にぎやかな店

restaurant populaire
レストラン ポピュレール
大衆的な店

そこは何の料理のレストランですか？

C'est quel restaurant ?

セ ケル レストラン

予約が必要ですか？

Il faut réserver ?

イルフォー レゼルヴェ

書いてください

Ecrivez s'il vous plaît

エクリヴェ シルヴプレ

呼びかけ・注文 commander
コモンデ

フランスではまずお店に入って「ボンジュール」、注文するときは料理名の後に「シルヴプレ」。メニューにある料理がなんだかわからないときも、遠慮せずにどんどん聞いてみるのもコミュニケーションのひとつだ

有名料理｜一番人気｜ママンの味｜地方料理｜飲み物｜間食｜特別料理｜食材

店と注文

commander

すみません…
Excusez-moi …
エクスキュゼ モア

お願いします
S'il vous plaît
シルヴプレ

男性
monsieur
ムシュー

女性 ※1
madame
マダム

若い女性
mademoiselle
マドモアゼル

注文はお決まりですか？
Vous avez choisi ?
ヴザヴェ シュワジー

まだ決まっていません
Pas encore
パ オンコール

注文していいですか？
On peut commander?
オン プー コモンデ

何が食べたいですか？
Qu'est-ce que vous désirez?
ケスク ヴ デジレ

（指さして）これをください
Je prends ça
ジュ プロン サ

何人ですか？
Vous êtes combien?
ヴ ゼット コンビヤン

～人です
Nous sommes ～
ヌッソム ～

1	2	3	4	5
un / une	deux	trois	quatre	cinq
アン／ユンヌ	ドゥー	トロワ	キャトル	サンク

予約していますか？
Vous avez réservé ?
ヴザヴェ レゼルヴェ

はい
Oui
ウイ

いいえ
Non
ノン

※1　20才以上くらいの知らない女性に対しては敬意を表わす意味でも「マダム」と呼びかけるほうがよい。あえて未婚であることを強調したいという女性や必要な場合には向こうから「マドモアゼルです」と直してくれる。

たばこを吸いますか？
Vous voulez fumer?
ヴヴレ　フュメ

喫煙席	禁煙席
place fumeur 	**non-fumeur** 
プラス　フュムー	ノン　フュムー

あそこの席に座ってもいいですか？
On peut s'asseoir là-bas?
オンプー　サソワール　ラバ

○○ユーロのセットメニューをください
Je prends un menu à ○○ euros　s'il vous plaît
ジュプラン　アン　ムニュ　ア　○○ユーロ、シルヴプレ

～は何ですか？	本日のメイン	本日のデザート
Qu'est-ce que c'est～？	**plat du jour (m)**	**dessert d'aujourd'hui (m)**
ケスクセ　～	プラ　ドュ　ジュール	デセール　ドジュルドュイ

あの男性（女性）と同じもの
をください
Je voudrais prendre comme lui (elle)
ジュヴドレ　プランドル　コム　リュイ（エル）

コーヒーはいかがですか
Vous voulez du café?
ヴヴレ　ドュ　カフェ

はい、ください
Oui, je veux bien
ウイ　ジュヴービヤン

紅茶
thé (m)
テ

デザート
dessert (m)
デセール

いいえ結構です
non, merci
ノンメルシー

お会計をお願いします	いくらですか？
L'addition　s'il vous plaît	**combien?**
ラディッション　シルヴプレ	コンビヤン

呼びかけ・注文

店と注文

その他

67

会話と味 conversation
コンヴェルサシオン

フランス人にとって会話は食事の重要な要素であり、無言の食卓などはまったく考えられない。少しぐらい言葉のハンデがあったって、ジェスチャーやこの本を駆使して、いざおしゃべりの仲間入りをしよう！

ごはんはもう食べましたか？
Vous avez déjà mangé ?
ヴ ザヴェ デジャ マンジェ

もう食べました
J'ai déjà mangé
ジェ デジャ マンジェ

まだです
Pas encore
パ オンコール

お腹がすきました
J'ai faim
ジェ ファン

のどがかわきました
J'ai soif
ジェ ソワッフ

ごはんを食べに行きましょう！
On va aller manger !
オン ヴァ アレ マンジェ

お茶を飲みにいきましょう！
On va prendre un café !
オン ヴァ プロンドル アン カフェ

何が食べたい？ Qu'est-ce que vous voulez manger ?
ケスク ヴヴレ マンジェ

あなたにまかせます
Comme vous voulez
コム ヴヴレ

〜がいいですね
Je veux bien 〜
ジュヴ ビヤン 〜

それにしよう！
D'accord
ダッコー

〜は好きですか？
Vous aimez 〜?
ヴゼメ 〜

大好き
J'adore
ジャドール

好き
J'aime bien
ジェイム ビヤン

まあまあ
Moyen
モワイヤン

あまり好きではない
Je n'aime pas trop
ジュ ネイム パ トロ

大嫌い
Je déteste
ジュ デテスト

いかがでしたか？
Ça a été?
サ ア エテ

最高！

C'était super !
セテ シュペール

とってもおいしかったです
C'était vraiment délicieux !
セテ ヴレモン デリシウ

おいしかったです
Très bien
トレ ビヤン

おいしそう！ Ça a l'air bon ! サ アレール ボン	いい匂い Ça sent bon サ ソン ボン	変な匂い Ça sent mauvais サ ソン モーヴェ

全然〜でない pas du tout パデュトウ	とても très トレ	少し un peu アンプー
それほどでもない pas beaucoup パ ボクー	〜すぎる trop トロ	十分に assez アセ

しょっぱい、塩味の salé サレ	甘い、砂糖味の sucré シュクレ	辛い piquant ピコン	苦い amer アメール
新鮮な frais フレ	熱い、あたたかい chaud ショー	ぬるい tiède ティエッド	冷たい froid フロワ
かたい dur デュール	やわらかい tendre タンドル	脂っぽい gras グラ	スパイシーな épicé エピセ
清潔な propre プロップル	汚れた sale サル	クリーミーな crémeux クレムー	酸っぱい acide アシッド

会話と味

店と注文

その他

フランス料理が大好きです　　　J'adore la cuisine française
ジャドール　ラ　キュイジーヌ　フランセーズ

料理に興味があります　　　Je m'intéresse beaucoup à la cuisine
ジュ　マンテレッス　ボクー　ア　ラ　キュイジーヌ

69

調理方法と食器 cuisine / vaisselle
キュイジーヌ / ヴェッセル

フランスの調理器具や食器類はかわいくてセンスのいいものがいっぱい。お土産としても喜ばれる

中に何が入っていますか？
Qu'est-ce qu'il y a dedans ?
ケスキリヤ　ドゥダン

〜は苦手なのですが……
Je n'aime pas beaucoup 〜
ジュネムパ　ボクー　〜

〜なしでお願いします
Sans 〜 s'il vous plaît
サン　〜　シルヴプレ

sauté	frit	grillé
ソテ	フリット	グリエ
炒めた	揚げた	グリルした
à la vapeur	**braisé**	**fumé**
ア　ラ　ヴァパー	ブレゼ	フュメ
蒸した	蒸し煮した	くんせいにした

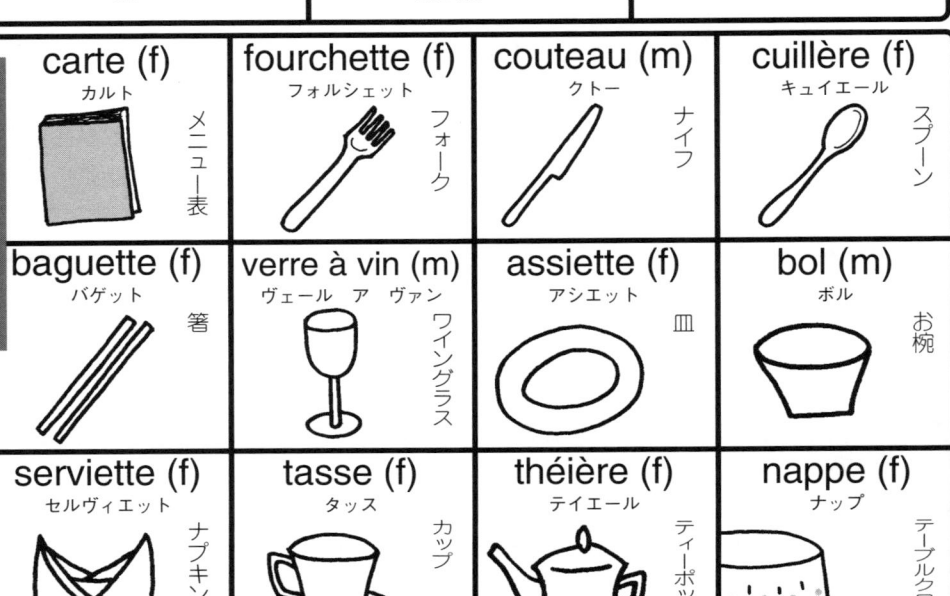

carte (f) カルト メニュー表	fourchette (f) フォルシェット フォーク	couteau (m) クトー ナイフ	cuillère (f) キュイエール スプーン
baguette (f) バゲット 箸	verre à vin (m) ヴェール　ア　ヴァン ワイングラス	assiette (f) アシエット 皿	bol (m) ボル お椀
serviette (f) セルヴィエット ナプキン	tasse (f) タッス カップ	théière (f) テイエール ティーポット	nappe (f) ナップ テーブルクロス

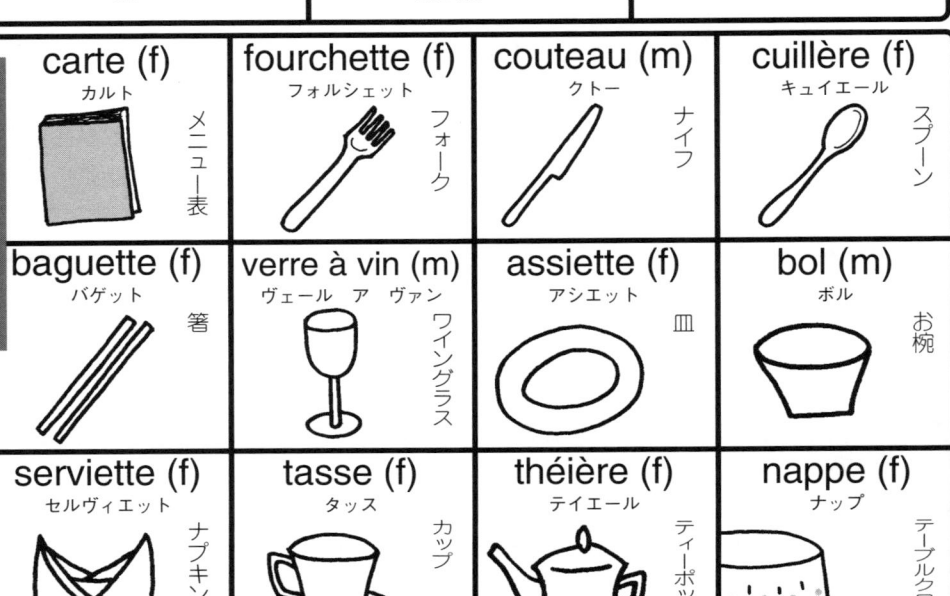

à la maison ア ラ メゾン 自家製	**à la paysanne** ア ラ ペイザヌ 農民風の、田舎風の
à la campagne ア ラ カンパーニュ 田舎風の	**à la provençale** ア ラ プロヴァンサル 南仏風の
à l'alsacienne ア ラルザシエヌ アルザス風の	**à la bretonne** ア ラ ブルトヌ ブルターニュ風の

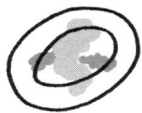 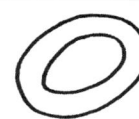

〜をもう1枚（つ）ください
Un (une) autre 〜 s'il vous plaît
アン（ユヌ） オートル 〜 シルヴプレ

〜を取り替えてください
Pourriez-vous changer de 〜
プリエヴ シャンジェ ドゥ 〜

〜をください **Je voudrais 〜** ジュヴドレ 〜	〜はありますか？ **Avez-vous 〜 ？** アヴェヴ 〜

couteau (m) クトー　　包丁	planche (f) プランシュ　まな板	poêle (f) ポワル　フライパン	casserole (f) キャスロール　シチュー鍋
four (m) フー　オーブン	micro-onde (f) ミクロオンド　電子レンジ	louche (f) ルシュ　おたま	passoire (f) パスワール　水切りカゴ
冷蔵庫 frigo (m) フリゴ	冷凍庫 congélateur (m) コンジェラター	カーブ cave (f) カーヴ	ワイン樽 fût (m) フュ

数字とお金 nombres / argent
ノンブル / アルジョン

通貨がフランからユーロに移行して、一番困っていたのはフランス人。今でも、一度頭の中でフランで計算している人も多いとか。短期滞在者は、計算も楽で旅行にも便利なユーロの恩恵を謳歌しよう

有名料理｜一番人気｜ママンの味｜地方料理｜飲み物・間食｜特別料理｜食材｜店と注文｜その他

nombres / argent

いくらですか？
C'est combien?
セ コンビヤン

書いてください
Ecrivez s'il vous plaît
エクリヴェ シルヴプレ

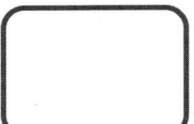
ユーロ
euros
ユーロ

※1
サンチームです
centimes
サンチーム

高い	安い	高すぎる
cher	**pas cher**	**trop cher**
シェール	パ シェール	トロ シェール

もっとまけてもらえませんか？ ※2
Pourriez-vous me faire une réduction s'il vous plaît ?
プリエヴ ム フェール ユヌ レデュクション シルヴプレ

おつり
monnaie (f)
モネー

おつりが違っています
Vous vous êtes trompé en me rendant la monnaie
ヴヴゼットゥ トロンペ オンム ロンドン ラ モネー

クレジットカードは使えますか？
On peut payer par carte ?
オンプー ペイエ パー カルト

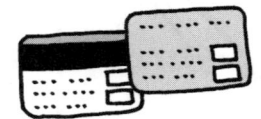

単位	～切れ ※3	～ダース	～袋
unité 	**morceau**	**douzaine**	**sachet**
ユニテ	モルソー	ドゥーゼヌ	サッシェ

～皿	～箱	～人前	～口	～さじ
assiette	**boîte**	**portion**	**bouchée**	**cuillerée**
アシエット	ボワット	ポーション	ブッシェ	キュイエレ

※1 本来ユーロの下の単位はcentだが、100(cent)と混同してしまうため、皆旧単位のサンチームで呼んでいる ※2 通常の店では値引き交渉をしないが、のみの市などでは交渉することもある。ただし言い値の半分以下になるというのはまれ ※3 ケーキなどをひと切れ頼むときにはpart(パール)を使う

チップ **pourboire** プールボワール	おつりはとっておいてください **Gardez la monnaie** ガルデ ラ モネー

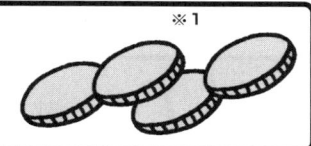

※1

1 **un / une** アン／ユヌ	2 **deux** ドゥー	3 **trois** トロワ	4 **quatre** キャトル	5 **cinq** サンク
6 **six** シス	7 **sept** セット	8 **huit** ユイット	9 **neuf** ヌフ	10 **dix** ディス

11 **onze** オンズ	12 **douze** ドゥーズ	20 **vingt** ヴァン	30 **trente** トロント
40 **quarante** キャロント	50 **cinquante** サンコント	60 **soixante** スワソント	70 **soixante-dix** スワソント ディス
80 **quatre-vingt** キャトル ヴァン	90 **quatre-vingt-dix** キャトル ヴァン ディス	100 **cent** ソン	1000 **mille** ミル
1万 **dix mille** ディミル	10万 **cent mille** ソンミル	100万 **un million** アン ミリオン	1億 **cent millions** ソン ミリオン

キロ **kilo** キロ	グラム **gramme** グラム	500グラム、半キロ **livre** リーブル	時間 **heure** アー	日 **jour** ジュール
週 **semaine** スメヌ	月 **mois** モア	年 **an / année** アン／アネ	回 **fois** フォワ	種類 **espèce** エスペス

※1 現金で会計をして、おつりがちょうどチップの分くらいだった場合。比較的くだけた言い方。ただし、レストランでは直接渡すよりも、会計用の小さなお皿か、それがなければテーブルの上においておくのが普通。

食後に après le repas
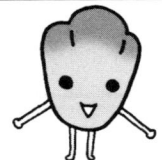

アプレ ル ルパ

フランスでは、食事の内容はもちろんのこと、レストランでのおしゃべりや出会いまでが楽しみのひとつになる。サービスしてくれた人にも、お礼や感想を伝えるのはごく当然のことだ

おいしかったです
C'était bon
セテ ボン

ありがとう
Merci
メルシー

私がごちそうします
Je vous invite
ジュ ヴ ザンヴィット

1人いくらですか？
Combien par personne?
コンビヤン パー ペルソンヌ

今度は私が払います
Je vous inviterai la prochaine fois
ジュ ヴ ザンヴィトゥレ ラ プロシェンヌ フォア

このレストランはとても気に入りました
Ce restaurant me plaît beaucoup
ス レストラン ム プレ ボクー

近いうちに、また来たいです
Je voudrais revenir bientôt
ジュ ヴドレ ルヴニール ビヤント

満足です ※1
Je suis content(e)
ジュ スイ コントン(ト)

また連れてきて！
Emmène-moi encore!
オメンヌ モア オンコール

たくさん食べましたね
On a bien mangé
オン ナ ビヤン モンジェ

たくさん飲みましたね
On a bien bu
オンナ ビヤン ビュ

とても楽しかった
C'était très sympa
セテ トレ サンパ

またね
A bientôt
ア ビヤント

さようなら
Au revoir
オールヴォアー

有名料理｜一番人気｜ママンの味｜地方料理｜飲み物｜間食｜特別料理｜食材｜店と注文｜その他

食後に

※1 主語が女性の場合は(e)がつき発音も変わってくる。

第2部

フランスでおいしい料理を食べるために

“第2部”は、第1部の解説を中心に
フランスの食文化についての解説をしています。
フランス料理を食べる楽しみがいっそう膨らみます。

美食の国・フランスを満喫するために

旅の食事を100倍充実させるために

　美食の国であることを、自他共に認めるフランス。フォアグラ、トリュフといったぜいたくな素材を使った高級フランス料理をはじめ、牛肉赤ワイン煮などの庶民的な料理、チョコレートやタルトなどのデザート、チーズ、ワインなど、フランスを訪れるなら絶対に味わっておきたいものが溢れている。

　ところが、限られた滞在日数の中でおいしいものだけ、ハズレなく食べる、というのはけっこう難しい。海外旅行中、言葉のハンデのせいで食べたい料理を注文できなかった、なんていう経験は誰にだってあるはず。あるいは注文の不自由さが面倒になってツーリスト御用達レストランに甘んじたり、ついつい同じ料理ばかり毎回頼んでしまったり‥‥。

　でも、せっかくフランスまで来たんだから、できるだけおいしいもの、食べたいと思っていたものを味わってほしい。買物、美術館、カフェ巡りに蚤の市‥‥、フランスを旅する楽しみはいろいろあるけれど、グルメの楽しさだけはぜったいに外せない。当たり前のようだけれど、やっぱりフランスの食事はおいしい。世界にその名をとどろかせているだけあるのだ。そしてもちろん、フランス料理だけではなくて、食にうるさいフランス人が認める外国料理だって、同じようにおいしい。日本では味わうことのできない、めずらしい国の料理にも出会うことができる。

　この第2部では、フランス料理やフランスにある諸外国料理の簡単な知識を紹介。さらにメニューの選び方や読み方、会計の仕方などをくわしく解説している。これを読めば、とりあえずアナタは「フランスごはん」の達人。ちょっと大げさかもしれないけれど、レストランの店先で、「一体どうすればいい!?」なんて途方に暮れることはまずなくなる。また、日本とのサービスのシステムの違いからくる、小さな疑問や不安も解消されるはずだ。

高級フランス料理
〜一度は行きたい食の殿堂〜

　ぜいたくな素材と手の込んだ調理、美しい盛り付け、豪華な空間と時間‥‥、これらフランス料理ならではの醍醐味を存分に味わえるのが、「星つき」に代表される高級レストラン。

　パリやリヨンなど大都市には、長年の伝統と格式を持った超一流レストランがいくつも存在する。日本でもその名が知られた「ラ トゥール ダルジャン」（カモのオレンジソース煮が有名である）などがその例だ。あるいは新進気鋭のシェフが独創的な料理を作り出し、数年の間に一流レストランの仲間入りをした新しいレストランもある。

　伝統に裏打ちされた味と雰囲気の豪華さに思いっきり酔いしれるもよし、がんばっ

て数カ月前から予約を入れて、今一番流行っているレストランで注目の若手シェフの料理に舌鼓を打つもよし。これはフランスならではの、極上の楽しみと言えるだろう。

一方で大都市以外にも、食通の人々の噂にのぼるレストランが存在する。「オーベルニュ」などとも呼ばれるこうしたお店は、地方の山奥、交通は不便だが（もちろん、自然に囲まれた場所にあって、お城のようにゆったりとした店を構え、遠方からの客を迎えるのである。料理に使われる素材は近隣の農家でとれた野菜だったり、都会ではとうていお目にかかれない新鮮な魚介類だったり――。「このレストランで食事がしたい」。そんな理由で出かける地方への旅も、思い出に深く刻まれるはずだ。

フランス料理の歴史や複雑な調理法については割愛するけれど、その特徴はなんといっても、豊かな大地が生み出す素材へのこだわりと、その魅力を存分に生かす手間ひまかけた調理法にある。

たとえば「ひらめのゼリー寄せ」。そのままグリルして食べても十分おいしいひらめを白ワインや野菜で作られるブイヨン「クールブイヨン」で茹でる。さらにブイヨンで作られるゼリーとともに型に入れて冷やす。ブイヨンやフォン、つまりだしを作るために長時間かけ、さらに加熱、整形、とさらなるプロセスは続く。

また、フォアグラやトリュフなどフランス料理ならではの高級食材を使った料理はシェフの腕の見せ所でもある。ひとかけらのトリュフを包み込んだフォアグラや、秋、狩猟の時期に登場する野うさぎやきじなどの滋味溢れるグリルなど……。これらは到底家庭ではできないし、プロ中のプロであるシェフの技術と研究のたまものである。芸術作品のひとつだと思って、ありがたーくいただきたい。

そこで、気になるのはやはり予算である。もちろん店や食べる料理、ワインの選択によって大きく変わってくるが、たとえば、前述の「ラ トゥール ダルジャン」のランチが１人１万円くらい。夜はもちろん倍以上になってしまうが、こうしたランチであれば、決して「絶対に手が届かない」というものではない。ふつうのその辺のレストランでステーキランチを食べたって１人2000円くらいはするのだから、旅行の記念に、話のタネに、１回ぐらい奮発してもいいのではないかと思う。

ただしここで注意しておきたいことが２点ある。まずは、とくに３ツ星クラスのレストランならばある程度きちんとした格好で行ったほうがいい、ということ。お金持ちに見せるとかそういうことではなくて、ジーンズやスニーカーやリュックやウエストポーチは、まずお店の雰囲気に合わない。きらきらシャンデリアに照らされる履き古したスニーカー……、お店の人よりもまず自分自身が居心地の悪さを感じてしまう。それに、いい所はやっぱりおしゃれして行ったほうが楽しいもの。持っている服の中で一番気に入っている、こぎれいな服を着ていこう。

もう１点は、ワインの価格に注意するということ。料理は「コースでいくら」の均一の値段でも、高価なワインをとったら急に料金は高額になってしまう。ソムリエにあらかじめ「いくらぐらいまでの」というだいたいの目安と、味の好みを伝えればいい。周りのお客さんだって、ほんのひと握りの超お金持ちをのぞいては、こんな風に注文していたりする。

庶民的フランス料理
～美食の原点はここにある～

　庶民的なフランス料理が食べられるお店、それが、町の定食屋とも言うべきビストロ
だ。典型的メニューは、ポトフ（野菜と骨付き肉の煮込み、いわば西洋風おでん）や、
ブーダンという豚の血を詰めたソーセージ。あるいは魚のソテー、ワインを使ったとり
や牛肉の赤ワイン煮など。こういった店はたいてい夫婦で切り盛りしていたりして、け
して豪勢ではないが、しみじみとするおいしさがある。デザートなども自家製のフルー
ツタルトやプリンが並び、ワインも高級なものではないが、料理との相性は抜群。フラ
ンス料理のふところの深さを感じる瞬間でもある。
　値段は平均的なビストロで、コースを頼み、ワイン、コーヒーをつけて、夜は3000
円程度、ランチならワインをはぶいて1500円程度（もちろん、お昼だって周りの人々
はワインを頼んでいる。ランチタイムとおぼしきビジネスマン風のおじさんたちもしか
り……。ただし観光の途中なら、その後が大変になりそうなので、パスしておいたほう
が無難）。デザートまで食べてお腹いっぱい。旅の食事の大半は、こうしたビストロ、レ
ストランでの食事になることと思う。家庭的な雰囲気で、サービスも感じ良く、値段も
手頃、ただし夜なら店が混雑しはじめる8時前に行かないと席がない、そんなお店が、
フランスのどこの都市にもある。泊まっている場所周辺の散策がてら、近隣のお店の混
雑具合をチェックして、良さそうだなと思った所に明晩の予約を入れておけば完璧だ。

コラム1

会計とチップ

　おいしい食事をすませたら、いざ会計。フランスのレストランは会計を頼むと、
席までレシートを持ってきてくれる。
　カフェでの会計の場合は、飲み物を運んできた時点でレシートをソーサーの下
にはさんでいったり、その場で支払いを要求されることもある。これは単にギャ
ルソンの交代の時間が迫っている、という場合が多く、もちろん会計が済んだ後
ものんびり残っていていい。レシートがあって金額がわかっているのに、なかな
かギャルソンがお金をとりに来てくれないなんていう場合は、お金をテーブルに
置いて立ち去ってもかまわない。スリや置き引きの多いフランスだけど、不思議
とこの小銭が盗まれたという話は聞かない。それにもし盗られたとしても、別に
お客である私たちの責任ではない。
　サービスしてくれた人には忘れずにチップを渡そう。とくにチップは、日本に
はない習慣だからこそいくらぐらい、どのタイミングで、というのがちょっと難
しい。基本的にサービスの満足度によるものだから、コーヒーを1杯飲んだだけ
とか、本当に腹の立つ店だったら置かなくてもいいのだけれど、普通のサービス
を受けたのだったら、目安は次の通り。

カフェ
～フランス文化はここからはじまった～

　町を歩けば、あちこちに見かけるカフェとそのテラス。朝仕事に行く前に新聞を読んだり、夕方友だちとの待ち合わせに使ったり。恋人どうしで映画の情報誌でも見ながらその夜の予定を決めるのも、口説くのも、けんかするのも、仲直りするのも、別れ話をするのも、全部ここ、カフェ。

　カフェは、たいてい普通の店内の席とカウンター、そして表にはり出されたテラス席がある。外にも暖房を備えているので、真冬だってときどきテラスに座っている人もいる。冬の最中も、少し暖かい日があると急にテラス席に人が増える。いくら暖房がついていたって絶対に寒いのだから、春まで待てばいいのにとも思うのだけど、こちらの人は（あるいは欧米人全体なのか）冬の太陽の薄明かりさえ惜しいかのように外に座っているのが結構おかしい。

　もちろん夏ならテラスは最高。ヨーロッパの夏は昼間が暑く、太陽が沈む夜9時すぎになると急に気温が下がる。夏の夜、少しひんやりする風を受けながらビールなどを飲むのは至上の楽しみ。ちなみに、カウンター席で立ってコーヒーを飲めば一番安い。たとえばコーヒー1杯が普通の席で300円だったなら、カウンターでは250円といった具合。カウンターにたむろする常連のおじさんたちのサッカー談義を盗み聞きするのもけっこう楽しいもの。お酒だって安いから、カウンターでさっと飲んで立ち去る人も多い（映画「アメリ」の中で、主人公のアメリが前の住人に宝箱をそっと返した後、その住人の横に並んでお酒を飲んだのも、こうしたカフェのカウンターだっ

●高級レストラン
たいてい会計はカードで済ます場合が多いだろうから、そのときはサービス係がテーブルに置いてゆくお皿に、いくらかの現金を残しておく。ユーロ玉でも、5ユーロや10ユーロ札でも、満足度に応じて置こう。

●普通のレストラン
方法は高級レストランの場合と同じ。金額は、サービスの満足度や持っている小銭と相談すればいい。たとえば、2人でわりかんという食事だったら、各自が1ユーロ玉を1枚ずつ置く、というのがごく一般的。ランチタイムだったら置かないときもある。

●安食堂
トレターシノワ（中華の食堂。本文アジア料理の欄を参照）など本当にカジュアルなお店では、とくにチップは必要ない。あるいは、重くてかさばっていたポケットの小銭をじゃらじゃらと置いている人もよく見かける。帰国間際の小銭整理に便利かもしれない。

た）。

　カフェの定番の飲み物は、コーヒー、紅茶、ジュース、ココアなどと、アルコール類。「カフェ」（＝コーヒー）と頼むとエスプレッソが出てくる。運が良ければ小さなチョコレートがついてくる。ミルクはつかない。たくさん飲みたい人なら大きなカップで出てくるカフェクレーム（カフェオレ）などを。紅茶やハーブティーはたいていティーバッグで出てくる。おすすめなのはショコラ・ショー（ココア）。ココアが濃くておいしい。

　お酒ならビールをはじめワイン、カクテルなどが揃っているが、冬なら身体が温まるヴァン・ショー（ホットワイン）が一番。そのほかには、水を加えると白濁する南仏生まれのリキュール「パスティス」なども挑戦してみたい。アルコール類は比較的高いが（カクテルなら最低でも 600 円くらい）、グラスワインなら比較的安上がり。安くてもけっこうおいしいワインが飲めるのはフランスのいい所だろう。

　カフェでの食事だってなかなかのもの。サンドウィッチやキッシュなどの軽食をはじめ、メニューこそそう多くはないものの、仔羊のグリルなどの肉料理やパスタなどもある。普通のレストランと同じようにコース形式になっている所もあるし、普通に料理ひと皿とコーヒーをとることもできる。便利なのは、ランチタイムの時間を逃してしまった場合。たいていのレストランやビストロは午後の休憩時間に入ってしまうが、カフェならだいじょうぶ。ランチメニューは終わってしまっていることもあるが、軽食ならいつでも OK。疲れてお茶を飲むのも、町ゆく人々を観察するのも、トイレや電話を済ますのも、ご飯を食べはぐねたときに駆け込むのもカフェ。生活者はもちろん、旅人にとってもカフェは偉大な味方なのだ。

　ここではカフェと紹介したが、ブラッスリーなどもだいたい同じシステム。ビールなどアルコール類がメインのところが ブラッスリーと呼ばれたりするが、厳密な区別はないよう。サロンドテと呼ばれるお店も基本的には同じだが、こちらは女性向きのおしゃれなメニューや紅茶の類が多い。ここが日本の「カフェ」に一番近いかもしれない。

パン
〜焼きたてバゲットにかじりつく喜び〜

　「フランスパン」と日本で呼ばれているバゲットは、フランス人の主食とも呼ぶべきもの。レストランでは無料でバゲットが供され、しかもおかわり自由である。パリパリパリッと香ばしい皮と、ふんわりやわらかな中身とのハーモニー。日本で「白いご飯と漬け物があれば幸せ」と思うように、「おいしいバゲットと、チーズかバターがあれば十分」というほど重要な存在だ。

　町のパン屋では朝と夕方、1 日 2 回焼きたてのバゲットが並ぶ。このバゲット、価格は町ごとに基準があって、パリなら 1 本 70 サンチームほど。大きさも均一。けれども、材料選びや職人の腕によって、味にかなり違いが出る。おいしいと評判のパン屋には有名レストランが仕入れにやって来るほどだし、昼と夕方には長い行列ができている。

　このバゲットを基本として、田舎風パンやシリアル入りパン、菓子パン類が店頭に

並ぶ。 ぜひ試してほしいのは、こりこりとしたくるみの歯触りが楽しいパン オ ノワ（くるみパン）やバターの風味が日本とは格段に違うクロワッサン、甘いパンなら、ショッソン オ ポム （りんごパイ）、やわらかなペストリーに干しぶどうとクリームを練りこんだパン オ レザン（ぶどうパン）など。

　おいしいパン屋選びは重要なポイント。ひとつの小さな区画にもいくつものパン屋があるが、おいしいと言われる店は客の入りが違う。とくに夕方、仕事帰りの人々が焼

コラム2

メニューの読み方

　フランスのごく一般的なレストランなら、普通に渡されるメニューと、「今日のおすすめ料理は黒板を見てください」なんて言われて、読みにくい手書きの文字を解読しながらその日のメニューを吟味する、ということになる。

　一番楽で経済的なのは、menu（ムニュ）と呼ばれるコースメニューを頼むこと。全体の約8割ぐらいのお店がこのコースメニューを用意している。

●前菜とメイン　●メインとデザート　●前菜とメインとデザート

という3パターンのどれかの選択肢であることが多い。価格も均一だし、前菜の中でいくつか、メインの中でいくつか、デザートの中でいくつか、それぞれ選択肢があるので、メニュー選びにそれほど苦労することもないのでおすすめ。

Menu à ○○ euros（○○ユーロのコース）

Entrées（前菜）

　　Soupe de poisson（魚のだしのスープ）
　　Foie gras de canard （カモのフォアグラ）
　　Terrine maison（自家製テリーヌ）

Plats （メイン料理）

　　Filet de boeuf grillé sauce poivre（牛フィレ コショウソース）
　　Escalope de veau cordon bleu（仔牛の薄切り カツレツ風）
　　Filet de saumon sauce citron vert（鮭のソテー ライムソース）

Desserts ou fromages （デザートあるいはチーズの選択）

　　mousse au chocolat（チョコレートムース）
　　croquant de pomme à la sauce caramel（りんごのパイ包み キャラメルソース）

その他、以下のような表記もよく見かける。

○*suggestion du chef*
（シェフのおすすめ）

○*plat du jour*
（本日のメイン料理）

○*au choix*
（好みに応じて。つまり、いくつかの選択肢の中から選べるということ）

きたてのバゲットを買うためにたくさん行列しているようなお店はやっぱりおいしい。「PAUL」などの系列店は他とくらべると少し割高だが、間違いなくおいしいし、ショッピングセンターの中などいろいろな場所にあるので便利。反対に、ショーウィンドウがホコリをかぶっているような、少し古びた内装のお店は避けたほうがいい。

　ときどきトルコや北アフリカ系の人が経営するパン屋さんに当たることもある。バゲットの質にはかなりばらつきがあるが、手作りのエキゾチックなお菓子などが売っていたりして楽しい。店構えはごく普通のパン屋なのでちょっとわかりづらいが、パリ市内なら10区や19区などの移民の多い地域に多い。

コラム3

ヌーヴェル・キュイジーヌって何だ？

　ヌーヴェル・キュイジーヌ（訳して「新しい料理」）というのは雑誌などでもよく耳にする言葉。なんだか、わかるような、さっぱりわからないような。これは総じて言えば、ずっしりと重く、複雑で、伝統に根ざしたフランス料理を、健康的で、素材を生かしたシンプルな料理に変えていこう、そして、地方の料理の良さを見直そうというもの。1970年代からはじまって、いまなお少しずつ姿を変えながら続いている運動である。

　日本で食べられていたフランス料理、つまり私たちがまず想像するフランス料理というのは、前者のような形のもの、つまり、凝りに凝った方法で調理された肉や魚の上に（これは時折、何の素材なのか説明されるまでわからない）、とろりとした生クリーム系のソースといった料理だ。これが時には、人々がフランス料理を敬遠する要因のひとつになっていたのではないかと思う。

　「ボリュームもカロリーもありすぎて食べ切れないし、もっとあっさりした物がいいわ」といった具合である。こうした意見は、ご飯と焼き魚に親しんでいる日本人はもちろん、フランスの一般の人々の間にもあった。さらには、長い長い伝統を重んじるあまり形骸化していく料理界そのものに新風を呼びこみたい……若い料理人たちの間にそうした願いもあった。こうして「ヌーヴェル・キュイジーヌ」は、またたく間にフランス料理界を席巻していったのである。

　現在でも、多くのレストランで少なからずこの影響が残っている。わかりやすいところで言えば、ソースにちょっとだけしょうゆが使われている、なんていうのもその例。フランス料理伝統の小麦粉を使ったソースではなく（16世紀から伝わるソースなんていうのはザラである）、エキゾチックな調味料をかくし味に使ったあっさりしたソースを素材の上にサッサッと少量、といったように、シェフの独創性を生かした料理を供するのである。そのほか、料理の量そのものを減らし、その分美しく繊細な盛り付けを心がけているといったレストランもあるし、前述のようにエキゾチックなハーブやスパイスを積極的に取り入れている所もある。

デザート
～フランスならではの独創性と美しさ～

　フランスでは、デザートは食事に欠かせないな要素である。多くのフランス人は「デザートを食べないと食事が終わったという気がしない」と考えている。甘い物は女性や子どもだけではなく、老若男女共通の楽しみ。レストランではコースメニューにかならずと言っていいほどデザートが含まれているし、少しいいレストランに行けば、パティシエと呼ばれるデザート担当のシェフがいる。誰かの家に招待されたときも、食事は簡素なものであってもかならずデザートが用意されている。

　町のパティスリー（お菓子屋・パン屋が兼業の場合がほとんど）に並んでいるデザートは、めずらしいものもあれば、日本でもおなじみのものもある。日本の洋菓子の多くが、フランスまたは他のヨーロッパ諸国から来ていることを考えれば同じものがあって当たり前だけれど、似ていても微妙な違いがあるところが興味深い。たとえばショートケーキはフランスではほとんど見かけないし、あっても生クリームではなくバタークリームが使われていたりする。シュークリームもそれほど多くないが、エクレアやディヴォースと呼ばれる2つのシューが並んだものはどこの店にもある。反対に、フルーツタルトは驚くほどの種類があるし、チョコレート系ケーキにしても、ムース、ガナッシュ、ガトーショコラ（オーブンで焼いたもの）と無限のバリエーション。アーモンドの焼き菓子マカロンや、お米を牛乳とバニラで煮たガトー ドゥリなどは日本ではあまり見かけないが、フランスではかなりポピュラーだ。

　レストランで出されるデザートは、こうしたお菓子店と同じようなメニューもあれば、そのお店ならではのアイディアが生かされたメニューもある。よくメニューに登場するものと言えば、イル フロッタントあるいはウッフ ア ラ ネージュと呼ばれる卵白とカスタードクリームを使ったデザートや、シューを重ねてチョコレートをかけたプロフィトロールなど。前に述べたような専用パティシエのいるレストランなら、その店ならではのオリジナルデザートになるので、チョコ系か、フルーツ系か、などを注文時に確めてから、一体どんな独創的で美しいデザートがあらわれるのか、期待に胸膨らませよう。

フランス地方料理
～おいしいものは地方にある、と言われる理由～

　この本の中では、フランスを便宜的に4つに分けて、それぞれの名物料理や名産品を取り上げている。

　国土が広くさまざまな国と国境を接しているフランスでは、地方料理に驚くほどバリエーションがある。フランス北東のアルザス地方なら、街並も料理もドイツ風。ソーセージやじゃがいもを使った料理、ビールなどがおいしい。キャベツとソーセージの煮物シュークルートもおすすめだ。

　北西にあるブルターニュ地方は、豊富な海の幸とそば粉を使ったクレープ、ガレット

が有名。もともとこの辺りは土地がやせていて小麦の栽培に適さず、そのかわりにそば粉を栽培していたのだという。このガレットはパリをはじめ他の都市のクレープリー（クレープ専門レストラン）でも食べられる。最初にチーズやハム、卵などを入れたガレット、その後にデザート系のクレープを食べるのがお決まりのパターンで、飲み物は名産のりんごを使ったシードルがぴったり。

　フランス第二の都市である中東部の町リヨンは、美食のふるさととして知られ、けして広くはない町の中に何軒もの有名レストランが軒を並べている。一方、ブションと呼ばれる伝統料理を出すこぢんまりとした食堂も人気。ソーセージや豚や牛の内臓を使った料理、じゃがいもを使ったボリュームたっぷりの料理が自慢だ。

　一方で、アルプスに近いサヴォア地方は、スイスに隣接していることもあってチーズフォンデュが名物。寒さの厳しい冬の夜、白ワインの風味がかすかにきいたチーズをたっぷりからませて食べるバゲットや野菜は格別だ。細い串のようなものに角切りバゲットを突き刺してチーズの鍋にとぽんと浸すのだが、たいてい１回や２回は具を鍋の中に落としてしまう。家族や友人たちが集まったときに食べることが多いので、「誰が一番先に落っことす？」なんてふざけあったりして、楽しい団らんのひとときを過ごす。

　ハーブやトマト、オリーブをふんだんに使った料理がたくさんあるのは、太陽と海の幸に恵まれた南仏地方。とくに港町マルセイユの名物料理と言えば、日本でもその名が知られているブイヤベースがある。サフランのきいたスープにエビや貝、魚がたっぷりと入っていて、フランス版シーフード鍋漁師風といった豪快さだ。

　代表的な地方だけ簡単に述べたが、フランスは各地方それぞれの土地に個性豊かな名産ワインとチーズがあり、それらを使った、あるいはそれらにぴったりと合う自慢の郷土料理が存在する。ワインとチーズ、それに合う料理。フランス料理の基本とも言えるこの３つがしっかりと根付いているからこそ、地方の食事がおいしいと言われるのである。

フランスの家庭の食事
～変わりつつある家庭料理～

　よく、「フランス人は毎日フランス料理ばかり食べていて飽きないのだろうか？　あんなバターとクリームばかりの脂っこい料理……」という質問を受けることがある。もちろん、フランスの食事はたしかに和食にくらべるとバターやクリームを多く使っているし、カロリーも高い。

　けれども正直なところ、一般的なフランス人は毎日「野うさぎのセップ茸クリームソース」を食べているわけではない。家庭で食べる料理は、ときには具だくさんのサラダとパンとチーズだけだったり、パスタだったり、ムール貝を白ワインで蒸したもの（日本の居酒屋によくある、あさりの酒蒸しによく似ている）だったり。若者ならば、サンドウィッチですませてしまうことだって多い。近年の健康志向ともあいまって、ふつうの人々のふつうの食事は簡素化の傾向にある。ファーストフードの店やイ

フランスのサービス　～お客様は神様ではありません～

　フランスに滞在した人々がよく口にするのが、フランスのサービスの悪さ。空港、駅、ブティック、パン屋……、さまざまな場面でこちらがびっくりするような態度の悪い係員や店員に会ったりする。もちろん、レストランやカフェでも例外ではなく、「お客様は神様」の日本からやってくるとものすごいカルチャーショックを受ける。たくさんの観光客が押し寄せる大きなお店や高級レストランでは質の高いサービスを受けられるけれど、一般の店ではいまだ「フランス式サービス」がはびこっている。

　これは私が実際にある中級クラスのレストランで体験した例。コースのランチを頼んだのに、会計の際に料理がそれぞれ単品の値段で計算されていたので文句を言う。

　「コースで頼んだのだけど」。あくまでも普通の口調で詰める→「でも、注文書に一品一品書いてある」。他のウエイトレスが書いた注文書を見せてくるウエイター→「注文するときにランチメニューとはっきり言ったし、第一ランチメニューの選択肢の中から選んでいるのに一品一品頼む人なんていないでしょ？」。内心はかなり腹を立てているのだが、表情には出さぬ努力。あくまでも正論を続ける→「……」。しばし考えるウエイター→「計算し直しますね。他の担当者が書き間違ったようです」。ここでようやく一件落着となる（あやまりの言葉はとくになし）。

　こうした交渉のポイントは、誰かそこにいない人のせいにしてしまうこと。「他の人が間違ったみたい」と相手が言ったら、「もちろん、あなた個人のせいじゃないのはわかっているのですが、ここが間違っているのは確実なの」とはっきり言うとスムーズ。問題が解決したら、けっこう態度を変えて「よいご旅行を」なんて笑顔で近づいてくるときもある。「どうぞ気にしないで」なんて、こちらも笑顔で返すぐらいの余裕を持ちたい。

　正直に言って、ギャルソンは呼んだってなかなか来ないし、お水や灰皿など、注文以外で頼んだことはすぐに忘れる。店員同士でぺちゃくちゃとおしゃべりをして、何度遠くから目で合図しても通用しないこともある。計算だってけっこう間違える。いちいち腹を立ててもしょうがない。「観光客だと思ってバカにしてるでしょ」なんてヘンに勘ぐってしまうと泥沼なので（観光客相手にボッてやろうなんていう人もいるかもしれないけど、本当に単なる間違いのことも多くある）、まあそんなものだと思うのが正解。たとえば、遅刻の多い友だちがいたら、毎回腹をたてるかわりに、まああの人のことだから……といった感じでのんびりと待ち合わせ時間に少し遅れて行ったりするのと同じ。そんな余裕の心構えで、フランス名物の「計算間違え」や「無愛想な店員」を見た、と思って楽しんでほしい。

　一方で、もちろんすごく感じのいいサービスだって存在する。「これはすごくおいしいのでおすすめよ」とか、食べている最中も「おいしい？」とか「あなたたち日本人？」とか話しかけてくる。フランス人、とくにパリジャン、パリジェンヌは無愛想だと言われることが多いが、ラテン系のノリで人なつこい人たちもたくさんいる。知らない相手同士が隣り合って、おしゃべりに花を咲かせることも少なくない。そんな店員には笑顔で「おいしかった」などと答えよう。けっこう好奇心の強い人々なので、この本を見せれば話題も盛り上がるはずだ。

ンスタント食品は町中に溢れ、長時間かけて料理を作る人々は減っているのである。

　ちなみにフランス人の普段の買物は主にマルシェ（市場）と近所の商店、スーパー。多くの人がこの３つを上手に使い分けている。野菜や果物、ハーブ類などはマルシェで、日用品や肉類、お菓子はスーパーで、チーズやパン、お惣菜は近所の商店で。第１部でも紹介しているが、お惣菜店は町のあちこちにあり、マリネやサラダ、ハム、ソーセージなどいろいろなものが手に入る。フランスの家庭に伝わるお惣菜を味わいたいならぜひ立ち寄ってみよう。食べたいものを指さして、「サ シルヴプレ」（これください）と言えばOK。量を聞かれるので、「プール ユヌ ペルソヌ」（１人分）とか、「アンプー」（ちょっと）と答えるだけ。

　フランスのスーパーマーケットは、普通の町中にあるシュペールマルシェ（「スー

コラム5

グルメガイドブックを参考においしい店探し

　ミシュランが毎年発行するグルメガイドブック。そこで発表される評価の星マーク、いわゆる３ツ星、２ツ星、１ツ星は、多くの一流レストランにとって客の入りを大きく左右する一大事である。

　テレビのニュースでも、「今年のミシュランの評価で、ニースの伝統あるレストランが３ツ星から２ツ星に格を下げられました」などと報道があり、シェフがインタビューに答えて、「経営には深刻な影響が出るだろうけど、来年は星が取り戻せるようにおいしい料理を作り続けるしかない」なんて真顔で答えている。昨年などは、星を１つ失ったレストランのオーナーシェフが、悲嘆に暮れて自殺してしまうという事件まであった。

　そこまで騒がなくても、と部外者の立場としては思うのだが、こうしたメディアの評価を、人々がレストラン選びの基準にしているのも事実。ミシュラン、ゴーミョーといったグルメガイドブックは、毎年確実に売れ続けている。

　フランスを旅する際は、こうしたガイドブックに少しでも目を通しておくといい。くわしい文章はわからなくても、どこどこにあるレストランは２ツ星を獲得したということはわかるし、見ているとけっこう楽しめる。ミシュランの審査員は取材ということを内緒にして客として行くと言われているので、そんなことも想像しながら読んでみると楽しい。

　もう少しカジュアルなレストラン、ビストロ、カフェを対象にしたグルメガイドも数多く存在する。フランスの代表的なタウン情報誌である「Paris scope」や「Zurban」、ガイドブックの草分けとも言うべき「routard」──。

　これらの便利なところは、「Paris scope おすすめ」などと書かれた雑誌の専用ステッカーがあって、いい評価を受けたレストランはそれを入口にぺたぺたと貼っている。このステッカーがたくさんある所というのは、いろいろなメディアでいい評価を受けた、すなわちおいしいレストランということになる。ステッカーは入口のわかりやすい場所に貼られている場合が多いので、ぜひ、おいしい店探しの参考にしてほしい。

パー」のフランス語読み）と、それよりもっと面積が広く、たいてい町外れにあるイペールマルシェ（「ハイパー」のフランス語読み）に大別される。他の欧米諸国と同じように週末は車でまとめ買いするという家族も多く、そういう場合はたいてい大型スーパーへ行くことになる。

　どちらのタイプのスーパーも、規模こそ違うが置いてあるものは同じ。見ていて楽しいのはお菓子類で、クッキーやビスケットだけでも、よくこれほど種類があるものだと感心するほどの充実ぶり。チョコレートもしかり。町にはショコラティエと呼ばれるチョコレート専門店があるが、これは主に贈答用で、ふだん人々は板チョコやキットカットなどを食べている。これでもカカオ分が多くコクがあって、十分においしい。このカカオ分は板チョコのパッケージに○○％と表示してあり、90％なんていうものも存在する。ひと切れ食べたら鼻血が出そうなほど濃厚だが、慣れるとクセになるおいしさだ。

　スーパーではそのほか、お土産にしたら面白いというものもたくさん見つかる。たとえばフォアグラや、コンフィ　ドゥ　カナール（カモを脂でじっくりと煮た料理）の瓶詰＆缶詰。フランスのレストランの味を再現というわけにはいかないが、もともと保存用に作られている料理だからおいしいものもけっこうある。そのほか、自然塩（塩の名産地であるカマルグ産が良質）やハーブ、クスクスのもととなる小麦の粒スムールの箱などもめずらしくておすすめだ。

フランスの食文化に欠かせない外国料理

●ギリシャ、トルコ、レバノン
〜フランスに根付いた庶民派料理〜

　日本の渋谷にも屋台が出現して久しいが、フランスにも驚くほど多くのケバブサンド（サンドウィッチ　グレック）のお店がある。店頭の専用ロースターで焼かれる肉のかたまりをそいで、トルコ風パンかバゲットにはさみ、サラダや好みのソースを加える。こうしたお店は夜遅くても開いているし、ひとりでも気軽に入りやすいので学生や旅人の力強い味方。お店のインテリアはたいがい味気ないが、その安さは大きな魅力。サンドウィッチのほかに、ブレ（麦で作ったピラフのようなもの）と串焼きの肉、ミニサラダがセットになったトルコ定食風メニューもある。

　たいていカウンターの上に料理の写真がついているので、それを参考に注文すればいい。この写真はどこの店でも同じようなものが飾られていて、お世辞にも美しいとは思えないが、旅行者はもちろんフランス人でもメニューがわかりづらいため、合理的なシステムと言える。

　レバノン料理は、ギリシャやトルコ料理に似ている料理もあるが、近年とくに注目を浴びている外国料理のひとつ。袋状になった薄いピタパンと一緒に、ファラフェルやレバノン風の前菜をはさんで食べる。飲み物はレバノンビールや軽いロゼワインなど。メインディッシュとなる羊の串焼き肉などもあるが、おすすめはメッツェと呼ば

れる前菜盛り合わせ。揚げ物、サラダ、和え物などたくさんの種類があり、これだけでボリューム満点だ。

　こうした地中海の料理は、オリーブオイルこそふんだんに使われているものの、味付けも控え目で野菜が多く使われているのが特徴。食材も、なす、トマト、オリーブ、ひき肉など日本人になじみやすいものが多いので、機会があればぜひ足を運んでほしい。

●アジア料理
～中国系が支配する無国籍ワールド～

　フランスの食事に少し飽きた頃、恋しくなるのはご飯や麺類。そんなときの駆け込み寺が、中華やベトナムのレストランだ。こうしたお店の多くは中国系ベトナム人やラオス人、あるいは本土中国の中国人や中国系フランス人などが経営している。そのためメニューには中華料理があったり、ベトナム風生春巻きやネムという名で呼ばれる揚げ春巻きがあったりとバラエティー豊か。

　町でひんぱんに見かけるのが、トレターシノワ（中華総菜店）と言われる簡易レストラン。ショーケースの中にずらりと料理が並んでいて、これ少し、あとこれ、などと指さしながら、テイクアウトにしたり、電子レンジであたためてもらって席で食べたり。味は画一的、店内も学食のようで味気ないが（一応中国風の絵やちょうちんが飾られてたりするのだが）、チャーハンや焼そば、野菜の炒めものなどが食べられる。1人約600円程度でご飯とおかずがついているのだから、サンドウィッチ類をのぞけば、フランスで一番安い食事かもしれない。

　ベトナムレストランでの人気メニューは、フォーと呼ばれるベトナム麺。近頃は日本でもその存在が知られてきた。米粉で作られる薄い麺に、たっぷりのモヤシとコリアンダーなどのハーブをまぜ、ニョクマムとライムかレモンをたっぷりとかけて食べる。1杯700円程度と手頃なので、新しいもの好きのフランス人にも大人気だ。パリ市内なら13区や19区にあるチャイナタウンに専門店が並んでいる。

　めずらしいところではチベット料理のレストラン。客層はフランスのインテリ層が中心で、インテリアもムードがある。中国の影響を少なからず感じる料理が多く、チベット風のギョウザ、モモなどがおいしい。

　本書では紹介していないが、日本料理のお店も数多く存在する。パリをはじめ大都市には日本人が経営するおいしい和食店やうどん店、ラーメン店もあるのだが、それらはごく例外で、多くはスシ、マキ（細巻き寿司のこと）、ブロシェット（焼鳥と串焼きのこと）がメインの中国系和食レストラン。もちろんフランス人の9割がこれを「日本食だ。スシ大好き！」と言って喜んで食べている。

　実際のところ、味もそれなりにちゃんとしているし、漬け物や日本製ビールなどもあって、「日本人じゃないのによくこんな料理を知ってるな」と感心するぐらいなのだが、メニューの日本語が間違ってたり、ちょっと気になってしまう部分もある。まあ外国にある日本料理というのはおうおうにしてこういったもので、どうしても日本食が食べたくなったとき、そして残念ながら近くに本物の和食店が見つからなかったときに行ってみよう。

●北アフリカ料理
〜混合文化が生み出す奥深い世界〜

　植民地時代の影響で、フランスと、モロッコ、チュニジア、アルジェリアの3国とのつながりは深い。町を歩いてまず目につく外人（つまりフランス人以外の人種）は圧倒的にこれらマグレブ系と呼ばれる人々。もちろん、フランス生まれだったり帰化したりしてフランス国籍を持っている人も多いし、フランス人とのハーフもたくさんいる。

　アフリカとは言うものの、アラブ語を話すれっきとしたイスラム圏。イスラム教の教えを守って生きているので、断食もするし、ヴェールで顔を隠している女性もいる（していない女性もたくさんいる。これはそれぞれ家族の方針によって違うようだ）。食べる物も習慣も独自のものがたくさんあり、私たちにとってはミステリアスな未知の世界であることが多い。

　一方で、クスクスのようにフランスの食生活にすっかり欠かせないものとなった料理もある。第一部でも詳しく解説したこのクスクスは、もっともポピュラーな料理。アリッサと呼ばれるスパイスのきいた唐辛子ペーストを加えて少し辛くするスープは、野菜も肉がたっぷりと入っていて、どこのお店で食べても平均的においしい。

　タジヌという煮込み料理は、円すいの形のふたが独特のタジヌ鍋で作られる。このふたのおかげで熱がじっくりと回り、短時間でも肉がとびきりやわらかくなるという仕組み。アニョー（仔羊肉）が苦手な人でもおいしく食べられる。

　ちなみにこのタジヌ鍋をはじめ、皿や灰皿などの陶器類は主にモロッコ産で、複雑な模様や原色を中心とした色づかいがとても美しい。多くの北アフリカ料理店で実際に使用されたりインテリアとして飾られていたりするので、ぜひ注目してほしい。

　レストランをはじめ、北アフリカ系の食料品店やサロンドテも存在する。食料品店には料理に必要な食材が何でもそろう。また、フランスの町中至る所にあるエピスリーと呼ばれる食料雑貨店は、そのほとんどがマグレブ系の人々の経営。スーパーにくらべてかなり割高だが、なにしろコンビニエンスストアが存在しないフランスのこと。多くの店が閉まってしまう日曜日や夜遅い時間の買物に重宝する。こうした店の片隅にもよく見ると、アラブ語で書かれたパッケージのお菓子や缶詰が控え目に置かれていることもある。

　サロンドテの北アフリカ版は、ナルギレと呼ばれる水煙草が吸える喫茶店。これも第1部で解説しているが、ひとつ頼めば1時間ほど楽しめるぜいたくな煙草、といった感じ。砂糖のたっぷり入ったミントティーを飲みながら、のんびりと時間を過ごす。北アフリカの男性ばかりがたむろしている薄暗いサロンドテもあるが、多くはフランス人のおしゃれな若者が集まるなごみ系のカフェという趣きなので、一度試しに入ってもらいたいと思う。ちなみに、パリの5区にあるモスク（フランス語で「モスケ」）の中にもサロンドテがあり、水煙草とミントティー、お菓子などが楽しめる。テラスが広く明るい雰囲気でおすすめの場所だ。

フランス人にとって「食」とは？

　美食の国と言われるフランスだが、それを支えているものは何だろうか。

　美食と礼儀作法の歴史と伝統、世界にその名を知られた才能あふれるシェフ、豊かな土壌から生まれる新鮮な素材……、さまざまな要素が挙げられるが、中でも重要な要素のひとつに、普通の人々の食に関する関心の高さが挙げられると思う。

　フランス語で「ボンヴィヴォン」とは、直訳すると「良く生きている人」。つまり楽天家でエピキュリアン（快楽主義者）、美食家といった人のことを指している。フランス人にはこうした「ボンヴィヴォン」がとても多い。おいしく食事をして、いい服を着て、なるべくあまり働かない。この「働かない」というのは日本人からするとちょっと想像しがたい部分もあるのだが、「まああくせくせず、楽しく生きましょうよ」とほとんどの人が考えている。そして楽しい人生には「食」が不可欠の要素。とくに裕福な人にかぎられているわけではなく、食に興味を持ち、意見を持つことは当たり前になっている。

　ごくふつうの、山奥に住むおじさんだって、「このチーズはこの、少し置いてとろりとしたところがうまいんだ」なんて熱く語るし、ワインやおいしいレストランについて話題になると、誰かが「あそこのあの料理は最高だった」と言おうものなら、「それよりは最近できたあそこが良かった」ととめどなく話題は広がる。

　普通の家庭の食卓だって、「このエスカルゴ、ちょっと小さいんじゃないかなあ」と息子が言えば、「去年あそこのお店で買ったの覚えてる？　わざわざ買いに行ったのに、売り切れだったのよ」などと母親は真剣に答え、父は「今度車で、この間友人が話していた店まで買いにいこうじゃないか」と提案する。もともとおしゃべり好きなフランス人ではあるけれど、食に関してはとくに饒舌になる。

　そんな国だからこそ、おいしいものを求める旅は余計に楽しいものとなる。この本や、さまざまなメディア、口コミ、第六感をフル回転して、貪欲に積極的に、フランスグルメを満喫してほしい。

第3部

日本語→フランス語単語集

"第3部"では約3000の単語を収録しています。
"第1部"の内容をさらに詳しく話すために必要性の
高い言葉と食関連の重要単語を厳選しています。

(m)＝男性名詞
(f)＝女性名詞
(pl)＝ 常に複数の名詞
------(e),------ (ne)＝ 女性形
また、スラッシュをはさんで2つの単語を併記する場合は
前後それぞれが男性形、女性形になります。
例）bon／bonne ＝男性形／女性形

愛 ....amour (m)
　愛国心 ......patriotisme (m)
　愛国者 ......patriote
　愛妻家 ......bon mari (m)
　愛称 ....surnom (m)
　愛人（男）...amant (m)
　愛人（女）...maîtresse (f)
　愛する ......aimer
相変わらず ..toujours
間 ....espace (m)
相手 ....l'autre
相手（敵）....rival(e)
あいさつ ......salut (m)
アイデア ......idée (f)
IT ....informatique (f)
空いている ..libre
曖昧な ....vague , ambigu(ë)
アイロン ......fer (m)
会う（会合）...voir
会う（遭遇）...rencontrer
合う（一致）...convenir à ,
　　　　　　　aller bien à
合う（性格）...coïncider ,
　　　　　　　concorder
合う（似合う）..bon(ne)
青い ....bleu(e)
赤い ....rouge
赤ちゃん ......bébé (m)
上がる（上に）
　..................monter , se lever ,
　　　　　　　s'élever
上がる（物価が）
　..................monter , augmenter
上がる（興奮する）
　..................perdre son sang-froid
明るい（明度）.....clair(e)
明るい（性格）.....gai(e)
明るい（精通）
　..................être compétent en
秋 ....automne (m)
空き ....vide (m)
あきらめる ..renoncer
飽きる ....se fatiguer
明らか ....clair(e)
開く ....ouvrir
空く ....devenir vide
握手する ......serrer la main
アクセサリー ....bijou (m)

アクセサリー（ネックレス）
　..................collier (m)
アクセサリー（ペンダント）
　..................pendentif (m)
アクセサリー（イヤリング）
　..................boucle d'oreille (f)
アクセサリー（ブローチ）
　..................broche (f)
アクセサリー（ブレスレット）
　..................bracelet (m)
アクセサリー（指輪）
　..................bague (f)
アクセサリー（タイピン）
　..................épingle de cravate (f)
アクセサリー（宝石）
　..................pierre précieuse (f)
開ける ....ouvrir
空ける ....vider
上げる（上に）..monter
あげる（人に）..donner
揚げる ....faire frire
あご ....mâchoire (f) ,
　　　　　　　menton (m)
あこがれる ..aspirer à
朝 ....matin (m)
あさって ......après-demain (m)
脚 ....jambe (f)
足 ....pied (m)
味 ....goût (m)
　味（重い）....lourd
　味（おいしい）..bon , délicieux
　味（まずい）...mauvais
　味（甘い）....doux
　味（辛い）....piquant
　味（苦い）....amer
　味（すっぱい）..acide , aigre
　味（塩辛い）...salé
　味（甘酸っぱい）....aigre-doux
　味（濃い）....fort
　味（味のない）..fade
　味（あっさりした）simple
　味（しつこい）..lourd
　味（軽い）....léger
　味見する ..goûter
アジア ....Asie (f)
　アジア人 ..asiatique
足首 ....cheville (f)
明日 ....demain
あずける ......laisser

アスピリン ..aspirine (f)
汗 ....sueur (f)
汗をかく ......transpirer
遊ぶ ....jouer
　遊びに行く ....sortir
暖かい ....chaud
頭 ....tête (f)
　頭がいい ..intelligent(e)
新しい ....nouveau / nouvelle
あたり前 ......normal(e)
厚い ....épais(se)
暑い ....chaud(e)
扱う（待遇）...traiter
集める ....rassembler
　集まる ......se rassembler
あちこち ....ça et là
あちら.........là , là-bas
あとで.........après , plus tard
あとの.........suivant(e)
アットマーク ....arrobas (m)
当てる.........atteindre
アドレス ......adresse (f)
穴.................trou (m)
あなた・あなたたち....vous
あなたの・あなたたちの
　..................votre
兄 ....grand frère (m)
姉 ....grande soeur (f)
アパート ......appartement (m)
アヒル ....canard (m)
アフターサービス
　..................service après-
　　　　　　　vente (m)
あぶない ......dangereux /
　　　　　　　dangereuse
油 ....huile (f)
脂 ....graisse (f)
油絵 ....peinture à huile (f)
アフリカ ......Afrique (f)
　アフリカ人 ....africain(e)
炙る ....rôtir
甘い ....doux / douce ,
　　　　　　　sucreé(e)
雨 ....pluie (f)
アメリカ ......Amérique ,
　　　　　　　les Etats-Unis (m pl)
　アメリカ人 ....américain(e)
あやしい ......douteux / douteuse
誤り ....faute , erreur (f)

謝る ....s'excuser
アラビア ......Arabie (f)
　アラブ人 ..arabe
洗う ....laver
ありがとう ..merci
あるいは ......ou
あるく ....marcher
アルバイト ..petit boulot (m)
アルコール ..alcool (m)
アルファベット ...alphabet (m)
アルプス山脈 ....les Alpes (f pl)
アレルギー ..allergie (f)
暗証番号 ......code secret (m)
安全な.........sûr(e)
安全ベルト.......ceinture de sécurité (f)
案内する ......guider
案内所 ....
bureau de renseignements (m)
胃.................estomac (m)
いい ....bien
いいえ.........non
言う ....dire
家.................maison (f)
イカ ....calmar (m)
〜以外.........sauf
息.................souffle (m)
行き先.........destination (f)
行き止まり ..impasse (f)
生きている ..être vivant(e)
イギリス ......Angleterre (f) ,
　　　　Grande-Bretagne (f)
　イギリス人 ....anglais(e)
生きる.........vivre
行く ....aller
いくつ・いくら......combien
池.................étang (m)
胃痙攣..........crampe d'estomac (f)
意見 ....avis (m)
胃酸過多 ......hyperchlorhydrie (f)
石.................pierre (f)
意識 ....conscience (f)
医者 ....médecin (m)
異常 ....anormal(e)
〜以上.........plus de
意地悪な ......méchant(e)
椅子 ....chaise (f)
イスラム教 ..islam (m)
　イスラム教徒 ...musulman(e)
遺跡 ....vestiges (m pl)

以前 ....avant
忙しい.........occupé(e)
いそぐ.........se dépêcher
痛い ....avoir mal à …
偉大 ....grand(e)
痛み ....douleur ,souffrance (f)
炒める.........faire sauter
イタリア ......Italie (f)
　イタリア人 ...Italien(ne)
1 ....un(e)
　1月 ....janvier
　1日中........une journée (f)
　1日おき ....tous les deux jours
　1回 ....une fois
　1階 ....rez-de-chaussée (m)
　1週間........une semaine (f)
イチゴ.........fraise (f)
市場 ....marché (m)
いちばん ......premier , première
胃腸薬..........médicament pour
　　　　l'estomac et
　　　　l'intestin (m)
いっしょ ......ensemble
一生 ....toute la vie
いっぱい......plein de
一般的に ......généralement
いつ.............quand
いつも.........toujours
イデオロギー ....idéologie (f)
遺伝子組み換え
　.................recombinaison
　　　　gènètique (f)
糸.................fil (m)
移動する ......se déplacer
いなか.........campagne (f)
犬.................chien(ne)
稲.................riz (m)
命.................vie (f)
祈る ....prier
違反 ....violation (f)
衣服 ....vêtement (m)
今.................maintenant (f)
居間 ....living-room (m)
意味 ....sens (m)
イミテーション ......imitation (f)
Eメール ....E-mail (f)
妹.................petite soeur (f)
嫌になる ......avoir marre de …
いよいよ ......enfin

イライラする ....s'énerver
入り口.........entrée (f)
要る ....nécessaire
居る ....rester
色.................couleur (f)
色々な.........varié(e)
祝う ....féliciter
印鑑 ....sceau (m)
インク.........encre (f)
印刷する ......imprimer
印象 ....impression (f)
インスタントの ...instantané(e)
インストールする.....installer
インターネット ...internet (m)
インターホン ....interphone (m)
引退 ....retraite (f)
いんちき ......tromperie (f)
インド.........Inde (f)
インドネシア ....Indonésie (f)
インプット ..entrée (f)
インフルエンザ ......influenza (f)
インフレ ......inflation (f)
飲料水.........eau potable (f)
ウイスキー ..whisky (m)
ウインク ......clin d'oeil (m)
ウインドー・ショッピング
　.................lèche-vitrine
上に ....sur
ウエイター ..serveur (m)
ウエイトレス ....serveuse (f)
浮く ....flotter
　浮き袋
　.................ceinture de
　　　　natation (f)
受付 ....réception (f)
受け取る ......recevoir
動く ....bouger
ウサギ.........lapin (m)
牛.................boeuf (m)
うしなう ......perdre
後ろ ....derrière
うすい.........mince
うそ.............mensonge (m)
歌.................chanson (f)
歌う ....chanter
疑い ....doute (m)
疑う ....douter
内側 ....dedans
内気な.........timide

宇宙 ....univers (m)
打つ ....frapper
うつくしい ..beau / belle
移す ....déplacer
写す ....copier
訴える.........poursuivre
腕 ....bras (m)
　腕時計 ......montre (f)
うなぎ.........anguille (f)
うに ....oursin (m)
奪う ....tirer
馬 ....cheval (m)
上手い.........bien
生まれる ......naître
海 ....mer (f)
産む ....accoucher
裏 ....envers (m)
裏切る.........trahir
占い ....divination (f)
うらやましい
.....................envieux / envieuse
売る ....vendre
売り切れ ......épuisement (m)
売り場.........guichet (m)
ウール.........laine (f)
うるう年 ......année bissextile (f)
うるさい ......bruyant(e)
漆 ....laque (f)
うれしい ......heureux / heureuse
浮気 ....aventure (f)
噂 ....rumeur (f)
運 ....chance (f)
　運がいい
.....................chanceux / chanceuse
うんちをする ....faire caca
運賃 ....tarifé
運転する ......conduire
　運転手 ......chauffeur
　運転免許証 ....permis de conduire
　　　　　　　(m)
運輸 ....transport (m)
絵 ....peinture (f)
　絵をかく ..peindre
エアコン ......climatiseur (m)
映画 ....cinéma , film (m)
影響 ....influence (f)
英語 ....anglais (m)
エイズ.........sida (m)
衛生的.........hygiène (f)

栄養 ....nutrition (f)
笑顔 ....sourire (m)
駅 ....gare (f)
液体 ....liquide (m)
エコノミークラス
.....................classe économique (f)
エスエフ (SF)
.....................science-fiction (f)
エスカレーター
.....................escalier roulant (m)
絵はがき
.....................carte postale illustrée
　　　　　　(f)
エビ ....crevette (f)
絵本 ....livre d'image (m)
えらい.........grand(e)
選ぶ ....choisir
エリ (襟) ......col (m)
得る ....obtenir
エレベーター ....ascenseur (m)
宴会 ....banquet (m)
延期する ......reporter
演劇 ....théâtre (m)
エンジニア ..ingénieur (m)
援助する ......aider
炎症 ....inflammation (f)
エンジン ......moteur (m)
演説 ....discours (m)
演奏する ......jouer
遠足 ....excursion (f)
延長する ......prolonger
エンピツ ......crayon (m)
塩分 ....salinité (f)
遠慮する ......se gêner
おいしい ......délicieux /
　　　　　　délicieuse
オイル.........huile (f)
追う ....poursuivre
扇 ....éventail (m)
応急手当 ....premiers soins (m pl)
雄牛 ....taureau (m)
欧州 ....Europe (f)
横断する ......traverser
横断歩道 ......passage clouté (m)
嘔吐する ......vomissement (m)
往復 ....aller et retour (m)
多い ....beaucoup
大きい.........grand(e)
　大きさ ......grandeur

大家 ....propriétaire
公の ....publique
お母さん ......mère , maman
おかしい ......drôle
おカネ.........argent (m)
悪寒.........frisson de fièvre (m)
起きる.........se lever
置く ....poser
奥様 ....madame (f)
送り先 （場所）....destination (f)
送り先 （人）...destinataire
送り主
.....................expéditeur / expéditrice
贈り物.........cadeau (m)
送る ....envoyer
贈る ....offrir
おくれる ......en retard
OK ....d'accord
オーケストラ ....orchestre (m)
起こす.........relever
おこなう ......faire
怒る.........se mettre en colère
おじ ....oncle (m)
惜しい.........dommage
おじいさん（祖父）
.....................grand-père (m)
おじいさん（老人）
.....................vieillard (m)
教える.........enseigner
おしっこ ......pipi (m)
押す ....pousser
オス ....mâle (m)
オーストラリア ...Australie (f)
お世辞.........compliment (m)
汚染 ....pollution (f)
おそい.........tard
恐れる.........craindre
落ちる.........tomber
夫 ....mari (m)
音 ....son (m)
お父さん ......père , papa
弟 ....petit frère (m)
男 ....homme (m)
　男の子 ......garçon (m)
落とす.........faire tomber
　落とし物 ..objet perdu (m)
おととい ......avant-hier
一昨年.........il y a deux ans
おとな.........adulte

おとなしい ..calme
オートバイ ..moto (f)
踊る ....danser
　踊り ....danse (f)
おどろく ......s'étonner
お腹がすく ..avoir faim
同じ ....même
おなら..........pet (m)
オナニー ......masturbation (f)
鬼 ....ogre(sse)
おのおの ......chacun(e)
おば ....tante (f)
おばあさん （祖母）
　.................grand-mère (f)
おばあさん （老婆）
　.................vieille femme (f)
おはよう ......Bonjour
オペラ..........opéra (m)
覚えている ..se souvenir
おまえ..........tu
　おまえに ..toi
　おまえの ..ton
お守り..........amulette (f)
おめでとう ..félicitations (f pl)
重い ....lourd(e)
　重さ ....poids
思う ....penser
　思い出す ..se rappeler
　思い出 ......souvenir (m)
おもしろい ..amusant(e)
おもちゃ ......jouet (m)
表 ....face (f)
親 ....parent
　親不孝 ......ingrat(e)
おやすみなさい......bonne nuit
親指（手の）...pouce (m)
親指（足の）...gros orteil (m)
泳ぐ ....nager
およそ〜 ......environ
オランダ ......Pays-Bas (m pl)
織物 ....tissu (m)
降りる..........descendre
オリンピック
　.....................Les jeux olympiques
折る ....plier
オレンジ ......orange (f)
終わる..........finir
　終わり ......fin (f)
音楽 ....musique (f)

温泉 ....eaux thermales (f pl)
温度 ....température (f)
女 ....femme (f)
　女の子 ......fille (f)
オンラインの ....en ligne

か　行

蚊 ....moustique (m)
蛾 ....papillon nocturne (m)
貝 ....coquillage (m)
〜階 ....étage (m)
〜回 ....fois (f)
会員 ....membre (m)
会員証..........carte d'adhérent (f)
外貨..............monnaie étrangère
　　　　　　　(f)
海外 ....étranger
海岸 ....rivage (m)
会議 ....réunion (f)
海軍 ....armée de mer (f)
解決 ....solution (f)
外交 ....diplomatie (f)
外国 ....étranger (m)
　外国人 ......étranger /
　　　　　　　étrangère
改札口..........accès aux quais
　　　　　　　(m)
改札機..........composteur (m)
海産物
　.................produits de la mer
　　　　　　　(m pl)
会社 ....entreprise (f)
　会社員 ......employé(e)
海水浴..........bain de mer (m)
海草 ....plante marine (f)
海藻 ....algue (f)
階段 ....escalier
懐中電灯 ......lampe de poche (f)
ガイド..........guide (m)
　ガイドブック
　.................guide touristique (m)
解答 ....réponse (f)
回復する ......guérir
解放する ......libérer
開放する ......ouvrir
　開放的性格
　.................caractère franc (m)
買い物..........courses (f pl)
改良する ......améliorer

潰瘍 ....ulcère (m)
会話 ....conversation (f)
買う ....acheter
飼う ....élever
カウンター ..comptoir (m)
返す ....rendre
カエル..........grenouille (f)
変える..........changer
帰る ....rentrer
顔 ....visage (m)
香り ....parfum (m)
　いい香りがする ..sentir bon
画家 ....peintre (m)
価格 ....prix (m)
科学 ....chimie (f)
化学 ....science (f)
鏡 ....miroir (m)
牡蠣 ....huître (f)
柿 ....kaki (m)
カギ ....clef (f)
書留 ....recommandé (m)
かきまぜる ..remuer
欠く ....manquer de …
書く ....écrire
掻く ....gratter
核の ....nucléaire
家具 ....meuble (m)
学位 ....grade (m)
架空の..........imaginaire
各駅停車 ......train omnibus (m)
格言 ....maxime (f) ,
　　　　　　　proverbe (m)
学士 ....licencié
学者 ....savant(e)
確信する ......être convaincu(e)
隠す ....cacher
学生 ....étudiant(e)
確認する ......confirmer
学年 ....année scolaire (f)
学部 ....faculté (f)
革命 ....révolution (f)
学問 ....science (f)
学力 ....connaissances (f pl)
学歴 ....cursus scolaire (m)
隠れる..........se cacher
学割 ....réduction pour
　　　　　　　étudiants (f)
影 ....ombre (f)
掛け算..........multiplication (f)

賭ける..........parier
　賭けごと ..pari (m)
過去 ....passé (m)
カゴ ....panier (m)
加工 ....façonnage (m)
化合 ....combinaison (f)
傘 ....parapluie (m)
火災 ....incendie (m)
　火災報知機 ....avertisseur
　　　　　　d'incendie (m)
　火災保険 .....assurance contre
　　　　　　l'incendie (f)
飾る ....décorer
火山 ....volcan (m)
菓子 ....sucrerie (f)
　菓子屋（人）
　.................pâtissier /
　　　　　　pâtissière
　菓子屋（店）.....pâtisserie (f)
歌詞 ....paroles (f pl)
家事 ....ménage (m)
火事 ....incendie (m)
かしこい ......intelligent(e)
カジノ ....casino (m)
カシミヤ ......cachemire (m)
歌手（男）....chanteur
歌手（女）....chanteuse
果樹 ....arbre fruitier (m)
果樹園..........verger (m)
カジュアルな ....décontracté
貸す ....prêter
数 ....nombre (m)
ガス ....gaz (m)
風...............vent (m)
風邪 ....rhume (m)
　風邪薬 ......medicament contre
　　　　　　le rhume (m)
カセットテープ......cassette (f)
数える..........compter
家族 ....famille (f)
ガソリン ......essence (f)
　ガソリンスタンド
　.................poste d'essence
　　　　　　(m)
肩...............épaule (f)
硬い ....dur(e)
肩書き..........titre (m)
形...............forme (f)
かたづける ..ranger

かたつむり ..escargot (m)
刀 ....épée (f)
片道 ....aller-simple (m)
価値 ....valeur (f)
家畜
.................animal domestique (m)
勝つ ....gagner
学会 ....académie (f)
学界 ....monde savant (m)
楽器 ....instrument (de
　　　　　　musique) (m)
学校 ....école (f)
合唱 ....choeur (m)
勝手な..........egoïste
活発 ....actif / active
カップル ......couple (m)
カツレツ ......escalope panée (f)
仮定 ....hypothèse (f)
家庭 ....famille (f)
カーテン ......rideau (m)
カード..........carte (f)
角...............coin (m)
カトリック ..catholicisme (m)
悲しい..........triste
カナダ..........Canada (m)
必ず ....sûrement
カニ ....crabe (m)
カネ（お金）...argent (m)
金持ち..........riche
可能 ....possible
彼女 ....elle
カバン..........sac (m)
過半数..........majorité (f)
花瓶 ....vase (m)
株...............action (f) , valeur (f)
　株式会社
　.................société anonyme
　　　　　　(f)
　株式市場 ..marché des
　　　　　　actions (m)
　株主..........actionnaire
花粉 ....pollen (m)
壁...............mur (m)
カボチャ ......potiron (m)
我慢する ......supporter
紙...............papier (m)
髪...............cheveux (m pl)
神...............Dieu (m)
カミソリ ......rasoir (m)

雷 ....foudre (f)
噛む ....mordre
亀...............tortue (f)
瓶（カメ）....vase (m)
カメラ..........appareil (photo)
　　　　　　(m)
　カメラマン ....photographe
画面 ....écran (m) ,image
　　　　　　(f)
鴨...............canard (m)
粥...............bouillie de riz (f)
火曜日..........mardi (m)
柄...............dessin (m)
カラーフィルム
.................pellicule en
　　　　　　couleurs (f)
辛い ....piquant(e)
ガラス..........verre (m)
からだ..........corps (m)
借りる..........emprunter
カリキュラム
.................programme d'études
　　　　　　(m)
軽い ....léger / légère
カルテ..........fiche médicale (f)
彼...............il
彼ら ....ils
ガレージ ......garage (m)
カレンダー ..calendrier (m)
過労 ....excés de travail (m)
ギャラリー ..galerie (f)
皮...............peau (f)
川...............rivière (f)
かわいい ......mignon(ne)
かわいそう ..pauvre
乾く ....sécher
為替 ....mandat (m)
　為替レート ....taux de change (m)
変わる..........changer
　変わり者 ..original(e)
代わる..........remplacer
缶...............boîte (f)
　缶きり ......ouvre-boîtes (m)
ガン ....cancer (m)
肝炎 ....hépatite (f)
眼科 ....ophtalmologie (f)
考える..........penser
　考え..........idée (f)
感覚 ....sensation (f)

環境 ....environnement (m)
　環境問題 ....
　problèmes environnementaux (m)
元金 ....capital / capitaux (m)
関係 ....relation (f)
歓迎 ....(bon) accueil (m)
観光 ....tourisme (m)
　観光案内所
　...................bureau de tourisme (m)
　観光客 ......touriste
　観光地 ......site touristique (m)
頑固 ....obstination (f)
官公庁 ....administration (f)
肝硬変 ....cirrhose du foie (f)
韓国 ....Corée (f)
　韓国人 ......coréen(ne)
看護婦 ....infirmière (f)
漢字 ....idéogramme (m)
感謝する ......remercier
患者 ....patient(e)
鑑賞 ....appréciation (f)
感情 ....sentiment (m)
感じる ....sentir
勘定 ....compte (m)
感心する ......admirer
（〜に）関する ..concernant …
肝臓 ....foie (m)
感想 ....avis (m)
乾燥した ......sec / sèche
簡単 ....simple
元旦 ....jour de l'an (m)
缶づめ ....conserve (f)
監督 ....directeur(rice)
カンニング ..tricherie (f)
乾杯！ .... (A votre) sante!
がんばる .....travailler dur
　がんばれ！ ....Courage !
看板 ....panneau (m)
缶ビール .....bière en canette (f)
漢方薬..............médicament chinois(m)
慣用句.........formule
　　　　　　　conventionnelle (f)
管理人.........concierge
木................arbre (m)
〜と気が合う
　.........................s'entendre bien avec …
　気が変わる ....changer d'avis
　〜に気を付ける
　...............faire attention à…

気が弱い ..être timide
気が長い ..être patient(e)
気が短い
　..................manque de patience
気になる ..se préoccuper de
気にする ..se soucier de
気を失う ..s'évanouir
キー ....clé (f) , clef (f)
黄色 ....jaune
消える ....disparaître
記憶 ....mémoire (f)
気温 ....température (f)
機械 ....machine (f)
機会 ....occasion (f)
着替える ......se changer
期間 ....période (f)
聞く ....écouter
効く ....agir
危険 ....danger (m)
期限 ....terme (m)
機嫌 ....humeur (f)
　機嫌が悪い ....
　être de mauvaise humeur
　機嫌がいい ....
　être de bonne humeur
起源 ....origine (f)
気候 ....climat (m)
帰国する ....retourner dans son pays
記事 ....article (m)
期日 ....date (f)
技術 ....technique (f)
キス ....baiser (m)
傷 ....blessure (f)
　傷つける ..blesser
　切り傷 ......coupure (f)
　ひっかき傷 ....égratignure (f)
　打ち傷 ......contusion (f)
　痣 ....bleu (m)
　傷跡 ....cicatrice (f)
規則 ....règle (f)
規制 ....règlementation (f)
犠牲 ....sacrifice (m)
寄生虫 ....ver parasite (m)
季節 ....saison (f)
北................nord
北朝鮮 ....Corée du Nord (f)
期待する ......espérer
きたない ......sale
基地 ....base (f)

貴重品.........objet de valeur (m)
きつい ....dur(e)
喫煙する ......fumer
切手 ....timbre (m)
記入する ......inscrire
絹 ....soie (f)
記念 ....souvenir
記念する ......commémorer
昨日 ....hier
きびしい ......sévère
寄付 ....contribution (f)
気分 ....humeur (f)
希望 ....espoir (m)
希望する ......espérer
キーボード ..clavier (m)
奇妙な ....bizarre
義務 ....obligation (f)
　義務教育
　.................enseignement
　　　　　　　obligatoire (m)
決める ....décider
気持ち ....sentiment (m)
　気持ちいい ....agréable
　気持ち悪い ....désagréable
疑問 ....doute (m)
疑問詞..........interrogatif (m)
逆................inverse (m)
キャッシュカード
　.....................carte de paiement (f)
キャンセルする ...annuler
　キャンセル待ち
　.....................liste d'attente (f)
9 ....neuf
休暇 ....vacances (f pl)
救急車.........ambulance (f)
休憩 ....repos (m)
急行列車 ......express (m)
休日 ....jour férié (m)
救助 ....secours (m)
救助する ......sauver
求人 ....offre d'emploi (f)
急須 ....théière (f)
急性の.........aigu(ë)
休息 ....repos (m)
牛肉 ....boeuf (m)
牛乳 ....lait (m)
旧約聖書
　.........................l'Ancien testament (m)
キュウリ ......concombre (m)

給料	salaire (m)
今日	aujourd'hui
器用な	adroit(e)
教育	éducation (f)
教会	église (f)
教科書	manuel scolaire (m)
競技場	stade (m)
狂犬病	rage (f)
共産主義	communisme (m)
教師	enseignant(e)
行事	fête (f)
競争	compétition (f)
兄弟（男の）	frère (m)
郷土料理	cuisine régionale (f)
興味がある	s'intéresser
協力する	collaborer
許可	permission (f)
極東	Extrême-Orient (m)
巨匠	grand maître (m)
去年	l'année dernière (f)
距離	distance (f)
きらい	détester
霧	brouillard (m)
キリスト教	christianisme (m)
規律	discipline (f)
切る	couper
着る	mettre
きれいな	beau / belle
記録	record (m)
キログラム	kilogramme (m)
キロメートル	kilomètre (m)
議論	discussion (f)
金	or (m)
純金	or pur (m)
銀	argent (m)
禁煙する	arrêter de fumer
禁煙（掲示）	Défense de fumer
近眼	myopie (f)
緊急	urgence (f)
銀行	banque (f)
禁止	interdiction (f)
近所	voisinage (m)
近代化	modernisation (f)
緊張する	être nerveux / nerveuse
筋肉	muscle (m)
金髪	cheveux blonds (m pl)
金曜日	vendredi (m)

金利	intérêt (m)
区	arrondissement (m)
具合	état (m)
食いしんぼう	glonton / glontonne
空気	air (m)
空港	aéroport (m)
偶然	hasard (m)
偶然に	par hasard
空腹	faim (f)
9月	septembre (m)
クギ	clou (m)
草	herbe (f)
くさい	sentir mauvais
腐る	pourrir
腐った	pourri
くし（串）	broche (f)
くし（櫛）	peigne (m)
くしゃみをする	éternuer
苦情を言う	se plaindre
くじら	baleine (f)
くすぐる	chatouiller
薬	médicament (m)
薬屋	pharmacie (f)
くすり指	annulaire (m)
癖	habitude (f)
糞	excrément (m)
くだもの	fruit (m)
くだらない	absurde
下る	descendre
口	bouche (f)
口がうまい	flatteur
口が重い	taciturne
口が軽い	loquace
口が悪い	une mauvaise langue
くちびる	lèvre (f)
口笛を吹く	siffler
口紅	rouge (m)
靴	chaussure (f)
苦痛	douleur (f)
くつした	chaussette (f)
くっつく	coller
口説く	persuader
靴べら	chausse-pied (m)
国	pays (m)
首	cou (m)
首飾り	collier (m)
区別	distinction (f)
クモ	araignée (f)

雲	nuage (f)
くもり	nuageux
クーラー	climatiseur (m)
暗い	sombre
～くらい	a peu près
クラスメート	camarade de classe
クラシック	classique
比べる	comparer
グラム	gramme (m)
栗	châtaigne (f) , marron (m)
くり返す	répéter
クリスチャン	chrétien(ne)
クリスマス	Noël (m)
クリスマス・イヴ	la veille de Noël
クリックする	cliquer
クリーニング	nettoyage (m)
クリーニング店	blanchisserie (f)
来る	venir
苦しい	douloureux / douloureuse
苦しむ	souffrir
車	voiture (f)
くるみ	noix (f)
グレー	gris(e)
クレープ	crêpe (f)
グレープフルーツ	pamplemousse (m)
クレジットカード	carte de crédit (f)
クレンジングクリーム	crème démaquillante (f)
黒い	noir(e)
苦労する	peiner
グローバリゼーション	globalisation (f)
クロワッサン	croissant (m)
黒字	excédent (m)
加える	ajouter
郡	bande (f)
軍隊	armée (f)
軍人	militaire
毛（髪）	cheveu (m)
毛（体毛、獣毛）	poil (m)
毛（羊毛）	laine (f)

毛（羽毛）....plume (f)
毛（綿毛）....duvet (m)
経営する......gérer
経営　　......gestion (f)
計画............plan (m)
経験............expérience (f)
傾向............tendance (f)
経済............économie (f)
　経済学......économie (f)
　経済危機
　..................crise économique (f)
　経済成長..croissance
　　　　　　économique (f)
警察............police (f)
　警察官......policier (m)
　警察署......commissariat de
　　　　　　police (m)
計算する......calculer
　計算機......calculatrice (f)
形式的な......formel(le)
芸術............art (m)
　芸術家......artiste
　芸術品......oeuvre d'art (f)
携帯電話........téléphone mobile (m)
競馬..................course de chevaux (f)
経費............dépense (f)
軽べつする..mépris
刑務所..........prison (f)
契約書..........contrat (m)
〜経由して..en passant par 〜
ケガ............blessure (f)
外科............chirurgie (f)
毛皮............fourrure (f)
ケーキ..........gâteau (m)
劇................théâtre (m)
今朝............ce matin (m)
下剤............purgatif (m)
景色............paysage (m)
化粧する......se maquiller
消す............éteindre
削る............tailler
けち............avare
血圧............tension artérielle (f)
血液型..........groupe sanguin (m)
結果............résultat (m)
結核............tuberculose (f)
欠陥............défaut (m)
月給............salaire mensuel (m)
月経............régles（f pl)

月光............clair de lune (m)
結婚する......se marier
結婚　........mariage (m)
　結婚式......noce (f)
結婚指輪......alliance (f)
月収..............revenu mensuel (m)
結晶............cristal (m)
決して..........jamais
欠席............absence (f)
決定............décision (f)
欠点............défaut (m)
ゲップ..........rot (m)
月曜日.........lundi (m)
解熱剤..........antidote (m)
下品な..........vulgaire
ゲーム..........jeu (m)
けむり..........fumée (f)
下痢............diarrhée (f)
　下痢どめ..antidiurétique (m)
ける............donner un coup de pied
けれども......mais
県................departement (m)
券................billet (m)
権威............autorité (f)
原因............cause (f)
ケンカ..........querelle (f)
見学............visite (f)
玄関............entrée (f)
元気ですか？
　....................Comment allez-vous?
研究する......étudier
現金............espèces（f pl)
現在............présent (m)
検査............examen (m)
検索............référence (f)
検索する......rechercher
原産地..........pays d'origine (m)
研修............stage (m)
原子力..........énergie atomique(f)
　原子爆弾..bombe atomique (f)
原始的な......primitif / primitive
現像............développement (m)
建築............architecture (f)
建築家..........architecte
現地の..........sur place
憲法............constitution (f)
権利............droit (m)
5................cinq
　5番目........cinquième

5月...........mai (m)
恋................amour (m)
　恋人.........amoureux /
　　　　　　amoureuse
コインロッカー
.........................consigne automatique
　　　　　　(f)
幸運............bonheur (m)
公園............parc (m)
講演............conférence (f)
効果............effet (m)
豪華な..........magnifique (f)
硬貨............pièce (f)
後悔する......regretter
公害............pollution (f)
郊外............banlieue (f)
合格する......réussir
交換する......échanger
睾丸............testicule (m)
抗議する......protester , contre
工業............industrie (f)
航空券..........billet d'avion (m)
　航空会社
.........................compagnie aérienne (f)
　航空便で..par avion
高血圧..........hypertension (f)
口語............langue parlée (f)
高校............lycée (m)
口座............compte (m)
交際............relations（f pl)
交差点..........carrefour (m)
工事............travaux（m pl)
　工事中......en construction
子牛............veau (m)
公衆電話
.........................téléphone publique
　　　　　　(m)
　公衆トイレ
.................toilettes publiques
　　　　　　(f pl)
交渉する......négocier
工場............usine (f)
香辛料..........épice (f)
香水............parfum (m)
洪水............inondation (f)
抗生物質......antibiotique (m)
高層ビル......immeuble de
grande hauteur (I.G.H.) (m)
高速道路......autoroute (f)

殺虫剤..........insecticide (m)
殺人 ....meurtre (m)
砂糖 ....sucre (m)
砂漠 ....désert (m)
さびしい......triste
サービス料.......frais de service (m pl)
サービス料込みで
 ....service compris
サーフィン ..surf (m)
サファイア ..saphir (m)
差別 ....discrimination (f)
サボテン ......cactus (m)
寒い ....froid(e)
覚める..........se réveiller
皿..................assiette (f)
サラダ ....salade (f)
サル ....singe (m)
去る ....quitter
さわる..........toucher
3 ....trois
 3月 ....mars (m)
三角 ....triangle (m)
参加する ......participer
サンゴ..........corail (m)
30 ....trente
算数 ....arithmétique (f)
酸素 ....oxygène (m)
サンタクロース
 ....le Père Noël (m)
サンダル ......sandale (f)
サンドイッチ ....sandwich (m)
残念 ....dommage
散髪 ....coupe de cheveux
産婦人科 ......obstétrique (f)
散歩 ....promenade (f)
秋刀魚..........scombrésocidés
 (m pl)
山脈 ....chaîne de montagnes
 (f)
市..................ville (f)
詩..................poème (m)
死   ....mort (m)
試合 ....match (m)
しあわせ ......bonheur (m)
寺院 ....temple (m)
塩..................sel (m)
鹿..................cerf (m)
市外局番 ......indicatif
 téléphonique (m)

資格 ....qualification (f)
しかし..........mais
4月 ....avril (m)
しかる..........gronder
時間 ....temps (m)
四季 ....quatre-saisons
 (f pl)
試験 ....examen
資源 ....ressources (f pl)
事故 ....accident (m)
時刻表..........horaires (m pl)
地獄 ....enfer (m)
仕事 ....travail (m)
時差..............décalage horaire (m)
自殺 ....suicide (m)
辞書 ....dictionnaire (m)
次女 ....deuxième fille (f)
事情 ....circonstances (f pl)
試食 ....dégustation (f)
地震..............tremblement de terre
 (m)
自信 ....confiance (f)
しずか..........calme
しずむ..........couler
施設 ....établissement (m)
自然 ....nature (f)
子孫 ....descendant(e)
舌..................langue (f)
下..................sous
時代 ....époque (f)
従う ....obéir
下着 ....linge (m)
下取り..........reprise (f)
7 ....sept
 7月 ....juillet (m)
七面鳥..........dinde (f)
試着する ......essayer
シーツ..........drap (m)
実業家..........homme d'affaires
 (m)
失業 ....chômage (m)
失業者..........chômeur /
 chômeuse
実験 ....expérience (f)
しつこい......tenace
実際は..........en fait
失神する ......s'évanouir
湿疹 ....eczéma (m)
質素な..........simple

嫉妬する ......être jaloux / jalouse
失敗 ....échec (m)
湿布 ....compresse (f)
質問 ....question (f)
失礼な..........impoli(e)
失恋 ....amour deçu (m)
CD.................disque compact (m)
自転車..........vélo (m)
自動の..........automatique
 自動車 ......voiture (f)
 自動販売機
 ....distributeur
 automatique (m)
シナモン ......cannelle (f)
次男 ....second fils
死ぬ ....mourir
支配人..........directeur ,
 directrice
しばしば ......souvent
支払い..........paiement (m)
しばる..........attacher
耳鼻咽喉科.....oto-rhino-laryngologie
 (f)
持病...............maladie chronique (f)
しびれ..........engourdissement (m)
しびれる ......s'engourdir
自分勝手な ..egoïste
紙幣 ....billet (m)
脂肪 ....graisse (f)
死亡届..........acte de décès (m)
しぼる..........presser
資本主義 ......capitalisme (m)
 資本家 ......capitaliste
島..................Île (f)
姉妹 ....soeurs(f.pl)
字幕 ....sous-titre (m)
自慢する ......se vanter
染み ....tache (f)
地味な..........modeste
事務所..........bureau (m)
氏名 ....nom et prénom (m)
示す ....montrer
しめった ......humide
締める..........server
閉める..........fermer
地面 ....sol (m)
霜..................gelée (f)
社会学..........sociologie (f)
ジャガイモ ..pomme de terre (f)

しゃ→しん

市役所	mairie (f)
車掌	contrôleur(se)
写真	photographie (f)
写真家	photographe
ジャズ	jazz (m)
社長	président-directeur général (P.D.G.) (m)
シャツ	chemise (f)
借金	dette (f)
しゃっくり	hoquet (m)
車道	chaussée (f)
喋る	bavarder
ジャーナリスト	journaliste
じゃまをする	empêcher
ジャム	confiture (f)
謝礼	rémunération (f)
シャワー	douche (f)
シャンプー	shampoing (m)
週	semaine (f)
自由化	libéralisation (f)
自由席	place non réservée (f)
10	dix
10月	octobre (m)
11	onze
11月	novembre (m)
12	douze
12月	décembre (m)
十二指腸潰瘍	ulcère duodénal (m)
十代の	adolescent(e)
習慣	habitude (f)
週	semaine (f)
宗教	religion (f)
19	dix-neuf
13	treize
17	dix-sept
住所	adresse (f)
渋滞	embouteillage (m)
重体	être dans un état grave
集中する	se concentrer
集中力	concentration (f)
収入	revenu (m)
充分な	assez
週末	week-end (m)
十万	cent mille
重要な	important(e)
14	quatorze
修理する	réparer
16	seize
主演女優	actrice principale (f)
主演男優	acteur principal (m)
授業	classe (f)
宿題	devoir (m)
宿泊	hébergement (m)
宿泊客	client(e)
手術	opération (f)
首相	Premier ministre (m)
ジュース	jus (m)
手段	moyen (m)
出血	saignement (m)
出国	sortie du pays (f)
出産	accouchement (m)
出席	présence (f)
出入国管理	contrôle d'immigration (m)
出発する	partir
出発	départ (m)
出版物	publication (f)
首都	capitale (f)
守備	défense (f)
主婦	femme au foyer (f)
趣味	goût (m)
腫瘍	tumeur (f)
種類	sorte (f)
順序	ordre (m)
純粋な	pur(e)
準備する	préparer
賞	prix (m)
消化	digestion (f)
紹介する	présenter
奨学金	bourse (f)
小学校	école primaire (f)
正月	le nouvel an
乗客	passageur(se)
商業	commerce (m)
条件	condition (f)
証拠	preuve (f)
正午	midi (m)
上司	supérieur (m)
正直な	honnête
少女	petite fille (f)
上手	adroit(e)
少数民族	minorités (f pl)
小説	roman (m)
招待	invitation (f)
冗談	blague (f)
象徴	symbole (m)
消毒	désinfection (f)
証人	temoin (m)
商人	commerçant(e)
少年	garçon (m)
商売	commerce
商品	marchandise (m)
賞品	prix (m)
上品	élégance (f)
丈夫	solide
小便	urine (f)
情報	information (f)
消防署	caserne des sapeurs-pompiers (m)
証明書	certificat (m)
正面	face
しょうゆ	sauce de soja (f)
将来	avenir (m)
使用料	prix de location (m)
初級者	débutant(e)
食事	repas (m)
食堂車	wagon-restaurant (m)
食パン	pain de mie (m)
食品	aliment (m)
植物	plante (f)
植物園	jardin botanique (m)
植民地	colonie (f)
食欲	appétit (m)
女性	femme (f)
所得	revenu (m)
書類	papiers (m pl)
知らせ	nouvelle (f)
調べる	enquêter
尻	fesses (f pl)
市立	municipal(e)
知る	connaître
汁	jus (m)
シルク	soie
白い	blanc / blanche
皺	ride (f)
新学期	rentrée (f)
神経	nerf (m)
神経質	nerveux / nerveuse
人口	population (f)
信仰	foi (m)
信号	feu (m)
申告	déclaration (f)
深刻	sérieux / sérieuse
新婚	nouveaux mariés (m.pl)
新婚旅行	lune de miel (f)
診察	consultation (f)

102

真珠 ....perle (f)
人種 ....race (f)
　　人種差別 ..racisme (m)
信じる.........croire
ジーンズ ......jeans
申請 ....demande (f)
親戚 ....parent(e)
親切 ....gentillesse (f)
親切な.........gentil(le)
新鮮な.........frais / fraîche
心臓 ....coeur (m)
心臓発作 .....crise cardiaque (f)
腎臓 ....rein (m)
寝台車.........couchette (f)
身長 ....taille (f)
慎重な.........prudent(e)
心配する ......s'inquiéter
神父 ....père (m)
新聞 ....journal (m)
じんましん ..urticaire (f)
親友 ....meilleur(e) ami(e)
信頼する ......avoir confiance en .
心理学.........psychologie (f)
診療 ....traitement (m)
酢 ....vinaigre (m)
水泳 ....natation (f)
スイカ.........pastèque (f)
スイス.........Suisse (f)
推薦 ....recommandation
すい臓.........pancréas (m)
水族館.........aquarium (m)
スイッチ .....bouton (m)
　　水道水 ......eau du robinet (f)
睡眠 ....sommeil
　　睡眠薬 ......somnifère (m)
水曜日.........mercredi (m)
数学..............mathématiques (f pl)
数字 ....chiffre (m)
スカート ......jupe (f)
スカーフ ......foulard (m)
好き ....aimer
スキー.........ski (m)
スキー場 ......station de ski (f)
救う ....sauver
すぐに.........tout de suite
スケート ......patinage (m)
すこし.........un peu
スコットランド ...Ecosse (f)
すずしい ......frais / fraîche

進む ....avancer
スター.........vedette (f)
スチュワーデス
　　.................hôtesse de l'air (f)
スーツ（男性用）....costume (m)
スーツ（女性用）....tailleur (m)
頭痛 ....mal de tête (m)
スーツケース ....valise (f)
すっぱい......acide
ステーキ .....steak (m)
すてる.........jeter
スト ....grève (f)
ストリップショー
　　.................strip-tease (m)
ストレス .....stress (m)
ストロー .....paille (f)
砂 ....sable (m)
素直 ....obéissant(e)
スパイ.........espion(ne)
すばらしい ..magnifique
スパゲッティー ...spaghetti (m pl)
スピード ......vitesse (f)
スープ.........soupe (f)
スプーン .....cuiller (f)
スペイン ......Espagne (f)
すべて.........tout
すべる.........glisser
スポーツ ......sport (m)
ズボン.........pantalon (m)
隅.................coin (m)
住む ....habiter
済む ....finir
スライス ......tranche (f)
スリッパ ......pantoufle (f)
スリ ....pickpocket
ずるい.........ruse
すわる.........s'asseoir
寸法 ....mesure (f)
性 ....sexe (m)
　　性差別........sexisme (m)
西欧 ....Europe occidentale (f)
　　西欧の ....européen(ne)
性格 ....caractère (m)
正確な.........exact(e)
生活 ....vie (f)
　　生活費 ......coût de la vie (m)
税関 ....douane (f)
世紀 ....siècle (m)
正義 ....justice (f)

請求書.........facture (f)
税金 ....impôt (m)
清潔な.........propre
制限 ....limitation (f)
性交 ....rapport sexuels (m)
成功する ......réussir
生産する ......produire
生産　.........production (f)
政治 ....politique
　　政治家 ......politicien(ne)
聖書 ....Bible (f)
精神 ....esprit (m)
　　精神科 ......psychiatrique (m)
　　　精神病 ......maladie mentale (m)
　　精神安定剤 ....tranquillisant (m)
成績 ....résultats(m.pl)
製造する ......fabriquer
製造業.........industrie (f)
ぜいたくな ..luxueux(se)
成長する ......grandir
生徒 ....élève
青年 ....jeunes gens (m)
生年月日 ....date de naissance (f)
性病 ....maladie vénérienne (f)
政府 ....gouvernement (m)
西洋 ....Occident (m)
　　西洋人 ......occidental(e)
生理　.........règles (f pl)
　　生理日.........période des règles (f)
西暦 ....ère chrétien(ne)
セール.........solde (m)
世界 ....monde (m)
席 ....place (f)
咳 ....toux (f)
責任がある ..responsable
赤面する ......rougir
石油 ....pétrole (m)
赤痢 ....dysenterie (f)
セクハラ ....harcélement sexuel (m)
セーター ......chandail (m)
積極的.........positif / positive
セッケン ......savon (m)
接続（電車の）....correspondance (m)
絶対に.........absolument
接着剤.........colle (f)
絶望 ....désespoir (m)
説明する ......expliquer
節約する ......économiser
設立 ....fondation (f)

せまい	étroit(e)	想像	imagination (f)	
蝉	cigale (f)	想像する	imaginer	
ゼリー	gelée (f)	相談	consultation (f)	
セルフサービス	libre-service (m)	送料	port (m)	
ゼロ	zéro (m)	総領事館	consul général	
セロテープ	scotch (m)	速達	exprès (m)	
セロリ	céleri (m)	底	fond (m)	
世話する	s'occuper de	素材	matière (f)	
千	mille (m)	そして	et	
線	ligne (f)	ソース	sauce (f)	

せまい..........étroit(e)
蝉...............cigale (f)
ゼリー..........gelée (f)
セルフサービス ...libre-service (m)
ゼロ.............zéro (m)
セロテープ ..scotch (m)
セロリ.........céleri (m)
世話する ......s'occuper de
千...............mille (m)
線...............ligne (f)
栓...............bouchon (m)
栓（ガス・水道の）...robinet (m)
全員 ....tout le monde (m)
洗顔する ......se laver la figure
選挙 ....élection (f)
先月 ....le mois dernier
戦後 ....après-guerre (m)
専攻科目......dominante (f)
先日 ....l'autre jour
前日 ....la veille
洗剤 ....lessive (f)
選手 ....joueur / joueuse
先週 ....la semaine dernière (f)
選手権..........championnat (m)
扇子 ....éventail (m)
先生（小学校）..instituteur(trice)
先生（中学以上）....professeur (m)
先祖 ....ancêtre (m)
戦争 ....guerre (f)
洗濯する ......faire la lessive
選択 ....choix (m)
全部 ....tous / toutes
洗面所............cabinet de toilette (m)
洗面台..........lavabo (m)
洗面器..........cuvette (f)
専門学校 ....école professionnelle
          (f)
ゾウ ....éléphant (m)
像...............statue (f)
送金 ....envoi d'argent (m)
  送金手数料 ...frais pour un
          mandat (m pl)
  送金人........expéditeur /
          expéditrice
倉庫 ....magasin (m)
操作する ......opérer
そうじ..........ménage (m)
掃除機..........aspirateur (m)
葬式 ....funérailles (f pl)

想像　..........imagination (f)
想像する ......imaginer
相談 ....consultation (f)
送料 ....port (m)
総領事館......consul général
速達 ....exprès (m)
底 ....fond (m)
素材 ....matière (f)
そして..........et
ソース..........sauce (f)
ソーセージ（加熱して）
....................saucisse (f)
ソーセージ（そのまま）
....................saucisson (m)
ソーダ..........soda (f)
そだてる ......élever
卒業 ....fin d'études (f)
外................dehors (m)
祖父 ....grand-père (m)
祖母 ....grand-mère (f)
染める..........teindre
空................ciel (m)
剃る..............raser
それ ....ça, cela
それから ......ensuite
それとも ......ou
損害 ....dommage (m)
尊敬する ......respecter
存在 ....existence (f)

た　行

鯛................daurade (f)
タイ ....Thaïlande (f)
ダイエット ..régime (f)
退院する ......quitter l'hôpital
体温 ....température (f)
体温計..........thermomètre (m)
大学生..........étudiant(e)
大工 ....charpentier (m)
たいくつ......ennui (m)
大使 ....ambassadeur /
          ambassadrice
  大使館 ......ambassade (f)
体重 ....poids (m)
大臣 ....ministre (m)
退職 ....retraite (f)
大豆 ....soja (m)
大西洋..........Atlantique (m)
大切 ....important(e)

大胆な..........hardi(e)
大腸 ....gros intestin (m)
タイツ..........collant (m)
たいてい ......d'habitude
態度 ....attitude (f)
大統領..........président (m)
台所 ....cuisine (f)
第2次世界大戦
....................Deuxième guerre
          mondiale (f)
ダイビング ..plongée (f)
台風 ....typhon (m)
太平洋..........Pacifique (m)
たいへん ......très
大便（俗語）...merde (f)
逮捕する ......arrêter
題名 ....titre (m)
タイヤ..........pneu (m)
ダイヤモンド ....diamant (m)
太陽 ....soleil (m)
大陸 ....continent (m)
代理 ....replacement (m)
台湾 ....Taïwan (f)
唾液 ....salive (f)
耐える..........supporter
タオル..........serviette (f)
たおれる ......tomber
高い（高さ）.....haut(e)
高い（値段）.....cher / chère
宝　............trésor (m)
宝くじ..........loterie (f)
滝................chute (f)
抱く ....embrasser
たくさん ......beaucoup
タクシー ......taxi (m)
  タクシー乗り場
    ....station de taxis (f)
竹................bambou (m)
タコ ....pieuvre (f)
凧................cerf-volant (m)
確かな ....sûr(e)
たしかめる ..s'assurer de
足す ....ajouter
ダース..........douzaine (f)
たすける ......aider
たたかう ......combattre
たたく..........frapper
たたむ..........plier
ただしい ......juste

立入禁止 ......Entrée interdite	チェックアウト	兆 ....billion (m)
立つ ....debout	...................quitter sa chambre	蝶 ....papillon (m)
脱毛（除毛）...épilation (f)	チェックイン	長女 ....fille aînée (f)
脱毛（抜け毛）	......................prendre sa chambre	朝食 ....petit déjeuner
......................chute des cheveux (f)	チェロ..........violoncelle	調整する ......ajuster
縦 ....longueur (f)	チェンバロ ..clavecin (m)	彫刻 ....sculpture (f)
建物 ....bâtiment (m)	地下 ....sous-sol	ちょうど ......juste
建てる..........construire	地下鉄 ......métro (m)	調味料..........assaisonnement (m)
たとえば ......par exemple	近い ....près	調和 ....harmonie (f)
棚 ....étagère (f)	ちがう..........différent(e)	貯金 ....économies (f pl)
谷 ....vallée (f)	近づく..........approcher	直接 ....directement
他人 ....autrui	力.................force (m)	チョコレート ....chocolat (m)
たのしい ......joyeux / joyeuse	地球 ....terre (f)	地理 ....géographie (f)
たのしむ ......jouir	遅刻する ......arriver en retard	治療する ......traitement (m)
タバコ..........cigarette (f)	知識...............connaissances (f pl)	鎮痛剤..........antalgique (m)
タバコを吸う ...fumer	父.................père (m)	追加する ......supplément (m)
たぶん..........probablement	ちぢむ..........rétrécir	ついに..........finalement
食べる..........manger	地図 ....carte (f)	通貨...............monnaie courante (f)
食べ物..........aliment (m)	チップ..........pourboire (m)	通過する ......passer
タマゴ..........oeuf (m)	知能 ....intelligence (f)	通訳する ......traduction (f)
だます..........tromper	チャーミングな ...charmant(e)	通路 ....passage (m)
タマネギ......oignon (m)	茶.................thé (m)	つかう..........utiliser
ためす..........essayer	茶色 ....marron (m)	つかまえる ..attraper
ためらう ......hésiter	着陸 ....atterrissage (m)	疲れ ....fatigue (f)
たよる..........compter sur	チャーコールグレー	月.................lune (f)
たりる..........suffire	...................gris anthracite (m)	次.................prochain(e)
だれ ....qui	チャンネル ..chaîne (f)	着く ....arriver
痰.................crachat (m)	注意 ....attention (f)	机.................table (f)
短期 ....de courte durée	中学校..........collège (m)	つくる..........fabriquer
短気 ....impatience (f)	中級 ....niveau moyen (m)	つける..........attacher
単語 ....mot (m)	中近東..........Moyen-Orient (m)	土.................sol (m)
短所 ....défaut (m)	中国 ....Chine (f)	つづく..........continuer
誕生日..........anniversaire (m)	中国語 ......chinois (m)	つつむ..........envelopper
お誕生日おめでとう	中華料理 ..cuisine chinoise (f)	唾.................salive (f)
...................Bon anniversaire	中国人 ......chinois(e)	妻.................femme (f)
ダンス..........danse (f)	忠告 ....cònseil (m)	つまらない ..sans valeur
たんす..........armoire (f)	中止する ......annuler	つまり..........après tout
男性 ....homme (m)	注射 ....piqûre (f)	罪.................crime (m)
男性器 ......sexe masculin (m)	駐車する ......stationner	爪.................ongle (m)
暖房 ....chauffage (m)	駐車禁止 ..Défense de	つめたい ......froid(e)
たんぽぽ ......pissenlit (m)	stationner	つよい..........fort(e)
タンポン ......tampon (m)	駐車場 ......parking (m)	つらい..........dur(e)
血.................sang (m)	抽象画..........peinture abstraite (f)	釣り ....pêche (f)
痔.................hémorroïdes (f pl)	昼食 ....déjeuner (m)	つり銭..........monnaie (f)
地位 ....position	中心 ....centre	手.................main (f)
地域 ....région (f)	中世 ....moyen âge (m)	手（手の甲）.....dos de la main (m)
ちいさい ......petit(e)	中毒 ....intoxication (f)	手（掌）.......paume (f)
チーズ..........fromage (m)	注文する ......commander	手当て..........soins
チェス..........échecs (m pl)	腸 ....intestin (m)	提案 ....proposition (f)

な　行

治る ....guérir
中指 ....majeur (m)
長い ....long(ue)
長い間.........longtemps
仲間 ....copin / copine
眺め ....vue (f)
ながれる ......couler
流れ星.........étoile filante (f)
泣く ....pleurer
鳴く ....crier
鳴く（小鳥が）..chanter
鳴く（犬が）...aboyer
鳴く（猫が）...miauler
なくす.........perdre
なぐる.........battre
投げる.........jeter
梨 ....poire (f)
ナス ....aubergine (f)
なぜ？.........pourquoi
なぜならば ..parce que
なぞなぞ......devinette (f)
7 ....sept
なに？.........Quoi ?
ナプキン ......serviette (f)
ナベ ....casserole (f)
生 ....cru(e)
名前 ....nom (m)
生クリーム ..crème fraîche (f)
怠ける.........paresser
生ビール ......bière pression (f)
訛り ....accent (m)
波.................vague (f)
なみだ.........larme (f)
悩み ....souci (m)
ならう.........apprendre
鳴る ....sonner
なるほど ......en effet
慣れる.........s'habituer
何回? ....Combien de fois ?
何時?............Quelle heure est-il ?
何時間?.........Combien d'heures ?
何種類?.........Combien de sortes ?
何人? ....Combien de
                  personnes ?
2 ....deux
2階.............premier étage (m)
2月 ....février (m)
2番目の....deuxième
におい..........odeur (f)

にがい..........amer / amère
にきび.........bouton (m)
肉.................viande (f)
肉屋.........boucherie (f)
にげる.........fuir
西.................ouest (m)
20 ....vingt
二重 ....double
偽の ....faux / fausse
ニセモノ ......imitation (f)
日曜日.........dimanche (m)
日記 ....journal (m)
日光 ....lumière du soleil (f)
日程 ....programme (m)
似ている ......ressembler
2等.............seconde classe (f)
にぶい.........lent(e)
日本 ....Japon (m)
日本円.....yen japonais (m)
日本語.....japonais (m)
日本食......cuisine japonaise (f)
日本人......japonais(e)
荷物 ....bagage (m)
入院 ....hospitalisation (f)
入学する ....entrer dans une école
入国 ....entrer dans un
                  pays (f)
入国カード
       ....carte de
       debarquement (f)
乳酸菌...........ferment lactique (m)
入場券.........billet d'entrée (f)
ニュース ......nouvelle (f)
尿.................urine (f)
煮る ....cuire
庭.................jardin (m)
ニワトリ ......coq (m)
人気がある ..populaire
人気がない ..impopulaire
人形 ....poupée (f)
人形劇........théâtre de
       marionnettes (m)
人間 ....homme (m)
妊娠 ....grossesse (f)
妊娠している ..être enceinte
人数 ....nombre de
                  personnes
妊婦 ....femme enceinte (f)
抜く ....arracher

脱ぐ ....enlever
盗む ....voler
布 ....tissu (m)
塗る ....peindre
値打ち.........valeur (f)
ネコ ....chat (m)
ネズミ.........souris (f)
値段 ....prix (m)
熱が出る ......avoir de la fièvre
値引き.........remise (f)
ねむい.........avoir sommeil
眠る ....dormir
寝る ....se coucher
年 ....an (m)
年金 ....retraite (f)
ネンザする ..entorse (f)
年収 ....revenu annuel (m)
年中行事 ......cérémonie
                  annuelle (f)
年齢 ....âge (m)
脳.................cerveau (m)
農業 ....agriculture (f)
ノウハウ......savoir-faire (m)
農民 ....paysan(ne)
のこり...........reste (f)
覗く ....regarder
除く ....supprimer
望む ....souhaiter
望み ....souhait (m)
ノート.........cahier (m)
のどが乾く ..avoir soif
ののしる ......insulter
登る ....monter
飲む ....boire
飲み物.........boisson (f)
乗る ....monter
乗り換える ..changer
のん気な ......nonchalant(e)
のんびりと ..sans souci

は　行

歯.................dent (f)
葉.................feuille (f)
バー ....bistro (m)
(～の）場合 ...cas (m)
肺.................poumon (m)
灰.................cendre (f)
はい （肯定)..oui
倍.................double (m)

灰色 ....gris (m)
肺炎 ....pneumonie (f)
バイオ- ....bio-
ばい菌..........microbe (m)
ハイキング ..excursion (f)
灰皿 ....cendrier (m)
歯医者..........dentiste
売春 ....prostitution (f)
　売春婦 ......prostituée (f)
配達する ......livrer
俳優 ....acteur
入る ....entrer
ハエ ....mouche (f)
墓................tombe (f)
バカ ....imbécile
ハガキ..........carte postale (f)
計る ....mesurer
吐く ....vomir
吐き気..........nausée (f)
履く ....mettre
爆発する ......exploser
博物館..........musée (m)
禿の人..........chauve
バケツ..........seau (m)
バーゲン ......solde (m)
箱................boîte (f)
バーコード ..code barres (m)
はこぶ..........porter
はさむ..........coincer
端................bout (m)
橋................pont (m)
箸................baguettes (f pl)
はじめる ......commencer
はじめて ....pour la première fois
場所 ....lieu (m)
破傷風..........tétanos (m)
走る ....courir
バス ....autobus (m)
はずかしい ..honteux / honteuse
バスタブ ......baignoire (f)
パスポート ..passeport (m)
パソコン ......ordinateur
　　　　　personnel (m)
旗................drapeau (m)
バター..........beurre (m)
はだか..........nu(e)
畑................champ (m)
はたらく ......travailler
8 ....huit

8月 ....août
蜂................abeille (f)
　ハチミツ ..miel (m)
バーチャルな ....virtuel(le)
発音 ....prononciation (f)
発行 ....publication (f)
　発行する ....publier
発車する ......partir
発車時刻 ......heure de départ
パスタ..........pâtes (f pl)
バスタオル ..serviette de bain (f)
バス停..........arrêt d'autobus (m)
パスポート ..passeport (m)
パスワード ..mot de passe (m)
パソコン ......ordinateur
　　　　　personnel (m)
パーティー ..soirée (f)
ハデな..........voyant(e)
鳩................pigeon (m)
鼻................nez (m)
　鼻水..........morve (f)
花................fleur (f)
話す ....parler
バナナ..........banane (f)
花火 ....feu d'artifice (m)
母................mère (f)
ババロア ......bavarois
バーベキュー ....barbecue (m)
パーマ..........permanente (f)
歯ブラシ ......brosse à dents (f)
ハミガキ粉 ..dentifrice (m)
速い ....rapide
早い ....tôt
払う ....payer
払い戻す ....remboursement (m)
はり紙..........affiche (f)
春................printemps (m)
貼る ....coller
晴れ ....beau temps (m)
パワー..........puissance (f)
パン ....pain (m)
晩................soir (m)
ハンカチ ......mouchoir (m)
反感 ....antipathie (f)
パンク..........crevaison (f)
番号 ....numéro (m)
犯罪 ....crime (m)
ハンサムな ..beau (m)
反対する ......contraire (m)

パンスト ......collant (m)
パンティー ..culotte (f)
半島 ....péninsule (f)
半月 ....demi-lune (f)
半年 ....semestre (m)
半日 ....demi-journée (f)
犯人 ....criminel(le)
ハンバーガー ....hamburger (m)
パンフレット ....brochure (f)
パン屋..........boulangerie (f)
火................feu (m)
ピアノ..........piano (m)
比較する ......comparer
東................Est (m)
光................lumière (f)
光る ....briller
引き出し ......tiroir (m)
引く ....tirer
低い ....bas(se)
ピクニック ..pique-nique (m)
飛行機..........avion (m)
膝................genou (m)
ビザ ....visa (m)
美術 ....art (m)
　美術館 ......musée (m)
秘書 ....secrétaire
非常口..........issue de secours (f)
ヒスイ..........jade (m)
左................gauche (f)
ひっこす ......déménager
羊................mouton (m)
ヒッチハイク ....auto-stop (m)
必要とする ..avoir besoin de …
ビデオデッキ
　..................magnétoscope (m)
ビデオテープ ....bande vidéo (f)
ひどい..........horrible
等しい..........égal(e)
1人で ....seul(e)
ビニール ......vinyle (m)
皮肉 ....ironie (f)
避妊する ......utiliser un moyen
　　　　　de contraception
避妊薬............pilule contraceptive (f)
日の出..........lever du soleil (m)
皮膚 ....peau (f)
　皮膚科 ......dermatologie (f)
ひま ....temps libre (m)
秘密 ....secret (m)

百 ....million (m)
日焼け..........bronzage (m)
　日焼け止め ....crème solaire (f)
費用 ....frais (m pl)
美容院...........salon de coiffure (m)
病院 ....hôpital (m)
病気 ....maladie (f)
表現する ......exprimer
評判 ....réputation (f)
昼 ....midi (m)
　昼休み ......repos de midi (m)
ビル ....immeuble (m)
ビール..........bière (f)
ヒレ肉..........filet (m)
広い ....large
広場 ....place (f)
ビン ....bouteille (f)
ピン 　......épingle (f)
ピンク..........rose (m)
貧血 ....amnésie (f)
ヒンズー教 ..hindouisme (m)
便箋 ....papier à lettre
ピンチ..........crise (f)
貧乏な..........pauvre
ファックス ..télécopie (f)
ファッション ....mode (f)
フィルム ......pellicule (m)
風景 ....paysage (m)
夫婦 ....couple (m)
封筒 ....enveloppe (f)
プール..........piscine (f)
フェリー ......ferry-boat (m)
ふえる..........augmenter
フォーク （食器）...fourchette (f)
フォークソング
　.....................chant folklorique (m)
フォーマル ..officiel(le)
深い ....profond(e)
不可能な ......impossible
服 ....vêtement (m)
複雑な..........complexe
腹痛 ....mal de ventre (m)
ふくむ..........contenir
不景気..........dépression (f)
不幸な..........malheureux(se)
不思議..........miracle (m)
不十分な ......insuffisant(e)
侮辱する ......insulter
婦人 ....dame (f)

不親切..........peu aimable
ふせぐ..........protéger
フタ ....couvercle (m)
ブタ ....cochon (m)
　ブタ肉......porc (m)
舞台 ....scène (f)
ふたたび ......encore une fois
普通 ....ordinaire
物価 ....prix (m pl)
ぶつかる ......heurter
二日酔い......gueule de bois (f)
仏教 ....bouddhisme (m)
仏教徒..........bouddhiste
仏像...............statue bouddhique (f)
ブドウ..........raisin (m)
不動産..........immobiliers(m.pl)
不得意..........point faible (m)
ふとった ......gros(se)
船 ....bateau (m)
　船着き場 ..quai (m)
　船便..........envoi par bateau (m)
　船酔い......mal de mer (m)
部分 ....partie (f)
不眠症..........insomnie (f)
フライパン ..poêle (f)
ふやす..........augmenter
冬 ....hiver (m)
ブラウス ......chemisier (m)
ブラシ..........brosse (f)
ブラジャー ..soutien-gorge (m)
プラスチック ....plastique (m)
プラチナ ......platine (m)
フランス ......France (f)
フランス革命
　..................Révolution
　　française (f)
フランス語 ....français (m)
フランス人 ....français(e)
フランス大使館
　.................ambassade de
　　France (f)
ブランデー ..eau-de-vie (f)
ブランド ......marque (f)
古い ....vieux , vieille
古着 ....hardes (f pl)
ブレーキ ......frein (m)
ブレスレット ....bracelet (m)
プレゼント ..cadeau (m)
風呂 ....bain (m)

プロ ....professionnel(le)
ブロッコリー ....brocoli (m)
フロント ......réception (f)
糞 ....crotte (f)
〜分 （時間）..minute (f)
雰囲気..........atmosphère (f)
文化 ....culture (f)
文学 ....littérature (f)
文章 ....phrase (f)
文法 ....grammaire (f)
ヘアスタイル ....coiffure (f)
平均 ....moyenne (f)
　平均して ..en moyenne
兵士 ....soldat (m)
平和 ....paix (f)
ページ..........page (f)
へそ ....nombril (m)
下手 ....maladroit(e)
ベッド..........lit (m)
ベトナム ......Viêt-Nam (m)
　ベトナム人
　.................vietnamien(ne)
ヘビ ....serpent (m)
部屋 ....chambre (f)
減る ....diminuer
ベルギー ......Belgique (f)
　ベルギー人......Belge
ベルト..........ceinture (f)
ペン ....stylo (m)
弁解 ....excuse (f)
勉強する ......étudier
偏見 ....préjugé (m)
変更する ......modifier
弁護士..........avocat(e)
返事 ....réponse (f)
弁償する ......indemniser
べんとう ......casse-croute (m)
扁桃腺..........amygdale (f)
ヘンな..........étrange
便秘 ....constipation (f)
返品する ......rendu (m)
便利 ....pratique
貿易 ....commerce
　　extérieur (m)
方言 ....dialecte (m)
冒険 ....aventure (f)
方向 ....direction (f)
ぼうし..........chapeau (m)
宝石 ....joyau (m)

放送 ....émission (f)
方法 ....moyen (m)
法律 ....loi (f)
ほかの..........autre
牧師 ....pasteur (m)
ポケット......poche (f)
保険 ....assurance (f)
　保険会社 ..compagnie
　　　　　　　d'assurance (f)
保護 ....protection (f)
ホコリ.........poussière (f)
星.................étoile (f)
欲しい.........vouloir
補償 ....garantie (f)
保証する .....garantir
　保証金 ......caution (f)
　保証書 ......bon de garantie (m)
　保証人 .....garant(e)
干す ....sécher
細い ....fin(e)
ホテル.........hôtel (m)
ボート.........canot (m)
歩道 ....trottoir (m)
ほとんど ......presque
ポニーテール
....................queue de cheval (f)
骨 ....os (m)
ほほ ....joue (f)
ほほえみ ......sourire (m)
ほめる.........féliciter
ボランティア ....volontaire
掘る ....creuser
ポルトガル ..Portugal
本.................livre (m)
香港 ....Hongkong
ほんとうに ..vraiment
ほんものの .....vrai(e)
本屋 ....librairie (f)
翻訳する ......traduire

ま　行

前.................avant
前払い..........payer d'avance
巻く ....rouler
まくら..........oreiller (m)
マグロ..........thon (m)
負ける..........perdre
孫 (男)..........petit-fils (m)
孫 (女)..........petite-fille (f)

まじめ..........sérieux(se)
麻酔 ....anesthésie (f)
マスカラ ......mascara (m)
まずしい ......pauvre
まだ ....encore
又は ....ou
待合室..........salle d'attente (f)
待ち合わせ ..rendez-vous (m)
まちがい ......faute (f)
待つ ....attendre
マッサージ ..massage (m)
マッシュルーム
....................champignon de
　　　　　　　Paris (m)
まっすぐ ......droit(e)
祭り ....fête (f)
窓.................fenêtre (f)
マナー..........manières (f pl)
マネる.........imiter
まもなく ......bientôt
守る ....défendre
豆.................pois (m)
麻薬 ....drogue (f)
まゆげ..........sourcil (m)
迷い ....hésitation (f)
まるい..........rond(e)
稀な ....rare
回す ....tourner
万.................dix million (m)
満員 ....complet
マンガ..........bande dessinée (f)
満足 ....satisfaction (f)
まん中..........milieu (m)
実.................grain (m)
見送る..........raccompagner
みがく..........polir
右.................droite (f)
未婚 ....célibat (m)
ミサ ....messe (f)
岬.................cap (m)
みじかい ......court(e)
水.................eau (f)
水色 ....bleu clair (m)
湖.................lac (m)
水着 ....maillot de bain (m)
店.................magasin (m)
見せる..........montrer
見せて！ ......Montrez !
道.................chemin (m)

みつける ......trouver
見積り書.......devis (m)
みとめる ......apercevoir
緑色 ....vert (m)
皆 (みな).......tout le monde (m)
港.................port (m)
南.................sud (m)
みにくい ......laid(e)
ミネラルウオーター
....................eau minérale (f)
見本 ....échantillon (m)
耳.................oreille (f)
脈拍 ....pouls (m)
みやげ.........souvenir (m)
明晩 ....demain soir
未来 ....futur (m)
魅力的.........charmant(e)
見る ....regarder
ミルク.........lait (m)
民主主義 ......démocratie (f)
民族 ....race (f)
民俗音楽 ....musique folklore (m)
民俗舞踊 ......danse folklorique
　　　　　　　　　(f)
むかえる ......accueillir
むかし.........ancien temps
無罪 ....innocence (f)
虫.................insecte (m)
ムシ歯.........dent gâtée (f)
無職 ....sans profession
むずかしい ..difficile
息子 ....fils (m)
むすぶ.........nouer
娘.................fille (f)
ムダづかい ..gaspillage (m)
無駄な.........inutile
胸.................poitrine (f)
村.................village (m)
紫.................violet (m)
ムリな.........impossible
無料 ....gratuit(e)
目.................oeil (m)
名刺 ....carte de visite (f)
名詞 ....nom (m)
迷信 ....superstition (f)
迷惑 ....ennui (m)
メガネ..........lunettes (f pl)
目薬 ....collyre (m)
メス ....femelle (f)

めずらしい ..rare
めったに～ない ....rarement
メドレー ......pot-pourri (m)
メートル ......mètre (m)
メニュー ......menu (m)
眩暈 ....vertige (m)
メロン ....melon (m)
綿 ....coton (m)
免税 ....exemption d'impôts (f)
　免税店 ......duty-free (m)
面積 ....superficie (f)
めんどくさい ....embarrassant(e)
申し込み ......souscription (f)
申し訳ない ..Excusez-moi
儲ける ....gagner de l'argent (f)
盲腸炎 ....typhlite (f)
毛布 ....couverture (f)
燃える ....brûler
目的 ....but (m)
　目的地 ......destination (f)
目標 ....objet (m)
木曜日 ....jeudi (m)
もし～ならば ....si
文字 ....lettre (f)
もち米 ....riz gluant (m)
持ち主 ....propriétaire
もちろん ......bien sûr
持つ ....avoir
持っていく ..emporter
持ってくる ..apporter
もてなす ......accueillir
物 ....chose (f)
模様 (図柄) .....motif (m)
森 ....forêt (f)
もらう ....recevoir
門 ....porte (f)
問題 ....problème (m)

や　行

山羊 ....chèvre (f)
焼き増し ......tirage supplémentaire (m)
野球 ....base-ball (m)
約 (およそ) .....environ
焼く ....griller
約束 ....promesse (f)
役に立つ ......être utile

ヤケド ....brûlure (f)
野菜 ....légumes (m pl)
優しい..........tendre
易しい..........facile
ヤシ ....cocotier (m)
安売り ....solde (m)
やすみ..........pause (f)
やすむ..........se reposer
やせた..........maigre
家賃 ....loyer (m)
薬局 ....pharmacie (f)
やっと..........enfin
破る ....déchirer
山 ....montagne (f)
止める..........arrêter
やわらかい ..mou / molle
湯 ....eau chaude (f)
遊園地 ....parc d'attractions (m)
有害 ....nuisible
優勝 ....victoire (f)
夕食 ....dîner (m)
郵送する ......envoyer
郵便 ....poste (f)
　郵便局 ......bureau de poste (m)
　郵便番号 ..code postal (m)
　郵便料金 .....tarifs postaux (m pl)
有名な ....célèbre
有料 ....payant(e)
床 ....sol (m)
ゆかい..........joyeux (se)
雪 ....neige (f)
輸出 ....exportation (f)
ゆたか..........richesse (f)
ゆっくり ......lentement
ゆでる..........bouillir
輸入 ....importation (f)
指 ....doigt (m)
指輪 ....bague (f)
夢 ....rêve (m)
ユーモア ......humour (m)
良い ....bon(ne)
酔う ....être ivre
用意する ......préparer
用事 ....affaire (f)
用心する ......faire attention
ようす..........état (m)
余暇 ....loisirs (m pl)
預金 ....dépôt (m)
横 ....largeur (f)

予想 ....prévision (f)
予防 ....prévention (f)
よごれる ......se salir
予算 ....budget (m)
ヨット..........voilier (m)
予定 ....projet (m)
よぶ ....appeler
読む ....lire
嫁 ....belle-fille (f)
予約 ....réservation (f)
夜 ....nuit (f)
よろこぶ ......être content(e)
ヨーロッパ ..Europe (f)
よわい..........faible
4 ....quatre

ら　行

来月 ....le mois prochain (m)
ライター ......briquet (m)
来年 ....l'année prochaine (f)
ライム..........lime (f)
楽 ....confortable
ラジオ..........radio (f)
ランプ..........lampe (f)
理解する ......comprendre
陸 ....terre (f)
離婚 ....divorce (m)
理想 ....idéal (m)
立派 ....admirable
理由 ....raison (f)
留学する ......étudier en (à l'étranger)
寮 ....pension (f)
両替する ......change (m)
料金 ....tarif (m)
良心 ....conscience (f)
領事館..........consulat (m)
領収書..........reçu (m)
領土 ....territoire (m)
料理 ....cuisine (f)
　料理学校 ....école culinaire (f)
　料理する ....cuisiner
旅行 ....voyage (m)
　旅行者 ......voyageur(se)
　旅行代理店 ....agence de voyages (f)
リンゴ..........pomme (f)
臨時 ....temporaire
留守 ....absence (f)

ルビー ....rubis (m)
例 ....exemple (m)
霊 ....esprit (m)
冷蔵庫..........refrigérateur (m)
冷房 ....climatisation (f)
歴史 ....histoire (f)
レストラン ..restaurant (m)
列車 ....train (m)
レート..........taux (m)
レバー..........foie (m)
練習 ....exercice (m)
レンタカー........voiture de location (f)
レントゲン ..rayons X (m pl)
連絡する ......prevenir
老眼 ....presbytie (f)
老人 ....personne âgée (f)
ロウソク ......bougie (f)
労働者..........travailleur /
            travailleuse
6 ....six
　6月 ....juin (m)
録音する ......enregistrer
ロシア..........Russie (f)
ロック..........rock (m)
ロビー..........hall (m)

わ　行

輪 ....boucle (f)
わいせつな ..obscène
わいろ..........pot-de-vin (m)
ワイン..........vin (m)
　赤ワイン ..vin rouge (m)
　白ワイン ..vin blanc (m)
若い ....jeune
沸かす..........chauffer
わかる..........comprendre
わかれる ......quitter
わける..........diviser
輪ゴム..........élastique (m)
わざと..........exprès
わずらわしい ....ennuyeux /
                ennuyeuse
忘れる..........oublier
私 ....je
　私たち ......nous
わたす..........transmettre
わたる..........traverser
ワニ ....crocodile (m)
わらう..........rire

割引き..........réduction (f)
割る ....casser (f)
割る (割り算) ....division (f)
悪い ....mauvais(e)
湾 ....baie (f)
ワンピース ..robe (f)

第4部

フランス語→日本語 【料理関連語】 単語集

"第4部"では約1200の単語を収録しています。
料理名や素材、看板やメニュー表示など、
フランスの料理を解読するときに
役立つ単語を厳選しています。

A

abricot (m) ....アンズ
accueillir ....もてなす
acide / aigre.........すっぱい
agar-agar (m) ......寒天
agneau (m)..........仔羊
aïoli (m) ....にんにく入りマヨネーズソース
aigre-doux ....甘酸っぱい
aiguillette ....肉を薄く切ったもの
ail (m) ....にんにく
à la basquaise ....バスク風肉の煮込み料理
à la crème ....クリーム煮
à la vapeur ....蒸し物
à point ....ミディアム
A.O.C. (appellation d'origine contrôlée)
.........................原産地呼称証明
alcool (m)............アルコール
alcoolis(e) ....アルコールを含んだ
algue (f) ....海藻類
aliment de base (m) ....主食
aliment (m) ....食品
allergie (f) ....アレルギー
allumette（f）.........マッチ棒のように細長い形状のもの
aloyau (m) ....牛の腰肉
amande（f）.........アーモンド
amaretto ....アンズの種から取るリキュール
amer / amère.......にがい
amuse-gueule (m) ....食前のおつまみ
ananas (m) ....パイナップル
anchoïade ....アンチョビーのソース
anchois (m)..........いわし／アンチョビ
andouillette（f）................
豚の小腸に同じく小腸を細かく切って詰めたもの
anguille (f) ....うなぎ
anis (m) ....アニス
annuler ....キャンセルする
apéritif (m) ....アペリティフ
appétit (m) ....食欲
Armagnac (m)......アルマニャック産のブランデー
aromatiser ....香料を移す
arroser ....焼き汁や脂をかける
artichaut (m) ....アンティチョーク、朝鮮アザミ
asperge (f) ....アスパラガス
aspic (m)................ゼラチンや煮こごりで固めたもの
assaisonnement (m)....調味料
assaisonner.........味付けする
assiette anglaise (f).....コールドミート盛り合わせ
assiette de crudités (f) ......生野菜盛り合わせ
assiette (f) ....皿

auberge (f)...........田舎の高級なレストラン
aubergine (f) ....ナス
aumônière (f) ......巾着型の菓子や料理
autruche (f) ....ダチョウ
avant-dessert (m) ..デザートの前に出されるデザート
avocat (m) ....アボカド
avoir faim.............お腹がすく
avoir soif..............のどが乾く
(à votre) santé !... 乾杯！

B

bâtard (m)............バタール
bâtonnet (m) ....小さい棒状のもの
bacon (m) ....ベーコン
baeckeofe (m) ....アルザス地方の煮込み料理
baguette (f)..........バゲット（フランスパン）
baguettes（f pl) ...箸
baleine (f) ....くじら
banane (f) ....バナナ
banyuls ....バニュルス。
　　　　　　　　　　アルコール強化甘口ワイン
bar (m)..................スズキ
bar (m).................バー
barbecue (m).......バーベキュー
bardane (f)...........ゴボウ
basilic (m)............バジル
basses côtes (f pl) ....肩ロース
batteur (m) ....泡立て器
bavarois (m) ....ババロア
bavette (f) ....牛の情報腹部肉
bécasse (f) ....山シギ
beignet (m) ....衣を付けて揚げたもの
bergamote (f).......オレンジの一種
betterave (f) ....ビーツ
beurre blanc (m) ....
ヴィネガーにバターを混ぜた白いソース
beurre clarifié (m)...........溶かしバターの上澄み
beurre noisette (m) .....焦がしたバター
beurre (m)............バター
bière brune (f)......黒ビール
bière en canette (f)......缶ビール
bière pression (f).......生ビール
bière (f)................ビール
bien ....上手い
bien cuit...............よく焼いた
biscotte (f) ....甘味のないラスク
biscuit (m)...........ビスケット
bisque (f) ....魚介類のポタージュ
bisque de homard (f).......オマールエビのポタージュ

bistrot (m) ....バー、気軽なレストラン
bitoke (m) ....ロシア料理由来のハンバーグ
blanc de poulet (m) .....ささ身
blanc / blanche ....白い
blanc-manger (m) ....牛乳や生クリームのゼリー
blanquette (f) ....ホワイトソースで煮込んだシチュー
blé(m) ....小麦
blinis (m) ....小さなパンケーキ
boeuf bourguignon (m) .....ビーフシチュー
boeuf (m) ....牛肉
boisson (f) ....飲み物
boîte de conserve (f)......缶詰
bol (m) ....椀、鉢、ボウル
bon ....おいしい
bonbon (m) ....飴、キャンディー
bonite (f) ....カツオ
boucherie (f) ....肉屋
bouchon (m) ....栓
boudin blanc (m).......牛乳と鶏肉のソーセージ
boudin (m) ....豚の血と脂を詰めたソーセージ
bouillabaisse (f) ....ブイヤベース
bouillie de riz (f) ....粥
bouillir..................ゆでる
bouilloire (f)..........やかん
bouillon (m).............肉や野菜の煮汁、またはポトフの汁
bouillon de légumes (m)......野菜の煮出し汁
boulangerie (f) .....パン屋
bourguignon ......ブルゴーニュ風の料理
bouteille (f) ....ビン
braisé ....蒸し煮にする
brandade (f).........南仏のタラ料理
brasserie (f) ....カフェレストラン
brioche (f) ....バターや卵のたっぷりと入ったパン
broche (f) ....串
brochet (m) ....カワカマス
brochette (f) ....串焼き、串に刺した
brocoli (m) ....ブロッコリー
brûlé ....焦げ目をつけた
brûler ....燃える
bûche de Noël (f) ...薪の形をしたクリスマスケーキ
budget (m) ....予算
buffet (m) ....駅の食堂
bulot (m) ....つぶ貝
buveur / buveurse.....酒飲み

C

câpre (f) ....ケッパー
Cabernet Sauvignon (m) ....赤ワイン用のブドウの一種
cabillaud (m)........生鱈

cactus (m)...........サボテン
café allongé (m) ....アメリカンコーヒー
café viennois (m)...ウインナ・コーヒー
café crème (m) ....カフェ・オ・レ
café glacé (m) .....アイス・コーヒー
café noisette (m) ....ミルク入りエスプレッソ
cafetière ....コーヒーポット
cake (m) ....パウンドケーキ
calisson (m) ....アーモンド菓子
calmar (m) ....イカ
calorie (f) ....カロリー
calvados (m).......リンゴで造る蒸留酒
camembert (m) ....カマンベール・チーズ
canard (m) ....アヒル
caneton (m) ....アヒルの仔
cannelle (f) ....シナモン
cannelloni (m)......カネロニ
cantal (m) ....カンタルチーズ
cantine (f) ....（学校・会社の）食堂
capellini (m) ....極細パスタ
carafe (f)..............水差し
caramel (m) ....キャラメル
carameliser ....
砂糖を焦がしてキャラメル色に仕上げること
carotte (f) ....ニンジン
carottes râpées (f pl) ....ニンジンの細切りサラダ
carpaccio (m).......生のものを薄く切ったの意
carte (f)................メニュー
carte de crédit (f) ......クレジットカード
carte des vins (f)..ワインリスト
casse-croûte (m) ....弁当
casserole (f)........ナベ
cassis (m)............カシス、黒すぐり
cassolette (f)........料理用の小さな耐熱器
cassoulet (m).......白インゲン豆と肉類との煮込み
castellane ....
フレッシュ・フォワグラを使った牛肉料理
cave (m) ....ワイン貯蔵庫
caviar (m) ....キャビア
caviste (m)...........酒蔵係
cèpe (m) ....ヤマドリ茸
céleri (m) ....セロリ
céleri-rave (m) .....根セロリ
céréale (f) ....穀類
cerf (m) ....鹿
cerfeuil (m) ....セリ科のハーブ
cerise (f) ....さくらんぼ
châtaigne (f) ....栗
chambord ....

赤ワインを使って調理される料理

champagne (m) ...シャンパン

champignon (m) ..キノコ

champignons de Paris (m).....マッシュルーム

champvallon ....仔羊肉の蒸し煮

chapelure (f) ....パン粉

charbon (m).........石炭

charcuterie (f) ......豚肉加工品、その販売店

charlotte (f) ....

円筒形やドーム型の料理やデザート

chartreuse ....鳥類の肉と野菜の煮込料理

chasse (f) ....狩猟

Chateaubriand ....

牛ヒレ肉の太い部分を厚く切ったもの

chaud(e) ....熱い、暖かい

chauffer ....沸かす

chausson (m) ....

パイ生地をふたつ折にして焼いた料理

chèvre (f) ....山羊

chiboust (m) ....

リンゴの甘煮とカスタードクリームのパイ

chiffonnade ....サラダ仕立て

chinchard (m) ......アジ

chinois (m)..........円すい形の目の細かい漉し器

chocolat chaud (m) ...ココア

chocolat noir (m) ....ブラックチョコレート

chocolat (m)........チョコレートを使ったデザート

chou à la crème (m).......キャベツのクリーム煮

chou à la crème (m).......シュークリーム

chou chinois (m) ....白菜

chou (m) ....キャベツ

choucroute (f) ....

細かく千切りにして酢漬けにしたキャベツ、また
はそれを白ワインで煮たアルザス料理

chou-fleur (m) ......カリフラワー

ciboulette (f) ....アサツキに似た細ネギ

cidre (m) ....シードル、発泡リンゴ酒

cigarette (f) ....タバコ

cinq-épices (f pl).....五香粉、中国産混合香辛料

citron (m) ....レモン

citronnier (m) ....レモンの木

citron pressé (m) ....レモンの絞り汁の水割り

citron vert (m) ......ライム

citronnade (f) ....レモネード

citronnelle (f)............

レモンのような香りのするハーブ

citrouille (f)..........カボチャ

civet (m)...............ウサギ肉の煮込み

clafouti (m)..........リームーザン地方の郷土菓子

clémentine (f).......みかん

clovisse (f) ....ハマグリ

côte (f) ....リブロース

côtelette (f) ....背骨から肋骨までの肉の部位

coca (m) ....コーラ

cochon (m) ....ブタ

cocotier (m) ....ヤシの木

cocotte (f) ....鉄製、陶器製の鍋

cocotte-minute (f)......圧力鍋

coeur (m) ....心臓

colier (m) ....あごの肉

col-vert (m) ....青首鴨

C'est combien ?...いくらですか？

Combien de sortes ? ....何種類？

commander ....注文する

compote (f) ....果物のシロップ煮

compte (m) ....勘定

comptoir (m) ....カウンター

concasser ....粗く刻む

concombre (m) ....キュウリ

condiment (m) .....調味料

confit (m) ....

砂糖漬け（果物）、酢漬け（野菜）、脂漬け（鴨や豚）

confiture (f) ....ジャム

congélateur (m) ...冷凍庫

congeler ....冷凍する

conserve (f) ....缶詰

coq (m) ....ニワトリ

coq au vin (m) .....とりのワイン煮

coquetier (m) ....卵立て、エッグ・カップ

coquillage (m)......貝

coquille Saint-Jacques (f).........ホタテ貝

corail (m) ....

帆立貝の赤色部分や、大型海老のミソ

cordon-bleu (m) ...料理の名人

coriandre (f) ....コリアンダー

corne(e) ....角

corned-beaf (m)...コーンビーフ

cornichon (m) ......小キュウリのピクルス

coulis (m)............果物や野菜を裏ごししたもの

coupe (f) ....シャンパングラス

courgette (f) ....ズッキーニ

couronne (f) ....ドーナツ型のパン

courses (f pl)........買い物

court-bouillon (m) ....魚をゆでるためのだし汁

couscous (m)...............

羊肉を野菜とともに煮込んだアラブ料理

couteau (m) ....包丁、ナイフ

couteau-scie (m) ....のこぎり歯付きナイフ

couteau à écailler (m).......かき用のから開けナイフ
couvercle (m).......なべのふた
couvert (m) ....ひとり分の食器一式
crabe (m).............カニ
crêpe Suzette (f)..........
グランマニエでフランベしたクレープ
crêpe (f) ....クレープ
crêperie (f) ....クレープ店
crème anglaise (f) ....
英国風カスタードクリームソース
crème brûlée (f)......焼きプリン
crème caramel (f) ....カスタード・プリン
crème chantilly (f)........ホイップクリーム
crème de cassis (f) ....カシスのリキュール
crème fraîche (f) ....生クリーム
crème glacée (f) .....アイスクリーム
crème raifort (f)............
レフォール（西洋ワサビ）と生クリームのソース
crèmerie (f) ....乳製品販売店
crépinette (f) ....
クレピーヌ（網脂）に包んで仕上げた料理
cresson (m) ....クレソン
crevette (f) ....エビ
croissant (m)........クロワッサン
croquant(e) ....カリカリとした状態
croquembouche (m).......カリッとした前菜
croque-monsieur (m) .....クロックムッシュー
croquette (f) ....コロッケ
crottin de Chavignol (m) ...小型の丸い山羊のチーズ
croustade (f) ....
パイやパンに煮込みを詰めたもの
croustillant ....カリカリとした歯ごたえ
crouton (m) ....クルトン
cru(e) ....生
crudité (f) ....生野菜
crustacé (f) ....海老、蟹などの甲殻類
cueillette (f)..........収穫
cuiller (f)...............スプーン
cuire ....火を通して料理する
cuire ....煮る
cuisine chinoise (f) ....中国料理
cuisine coréene (f) ....韓国料理
cuisine françise (f) ....フランス料理
cuisine greque (f)......ギリシャ料理
cuisine italienne (f).........イタリア料理
cuisine japonaise (f).......日本料理
cuisine libanaise (f) .....レバノン料理
cuisine moderne (f)...........
クラシックな技法による現代感覚の料理

cuisine régionale (f) ....郷土料理
cuisine (f).............料理
cuisiner................料理する
cuisinière (f).........（オーブン付き）レンジ
cuisse de poulet (f) ....鶏の腿肉
cuisse (f).............腿肉
cuisseau (m).......仔牛の腿肉
cuisson (m).........加熱調理したもの
cuissot (m)..........鹿や猪などの腿肉
culinaire ....料理の
cumin (m) ....クミン
cure-dent (m).......つまようじ
cuvée (f) ....ひとつのぶどう園でできたワイン

D

datte (f) ....ナツメヤシの実
daurade (f)...........鯛
dégustateur / dégustatrice .....ワインなどの鑑定人
dégustation (f) .....試食
déguster ....料理や酒を味わう
déjeuner ....昼食をとる
déjeuner (m)........昼食
délicieux / délicieuse ...おいしい
demi-tasse (f) ......小型のコーヒー茶碗
dentelle (f) ....レース状の菓子生地
dessert (m) ....デザート
desservir.............食卓をかたづける
dîner (m)..............夕食
diabolo menthe (f)..ミント・シロップのソーダ割り
digestif (m)...........食後酒
digestion (f) ....消化
dinde (f) ....七面鳥
doux / douce........甘い
douzaine(f) ....ダース
dresser la table....食卓の準備をする
duxelles ....きのこ、タマネギ、エシャロットの旨みを凝縮させたもの

E

écaille (f).............鱗、鱗状の装飾モチーフ
écailler.......................
かきのからを開ける、鱗を落とす
écailler / écaillère ...かき売り
échalote(f) ....エシャロット
éclair (m) ....エクレア
école culinaire (f) ....料理学校
écorce (f) ....（オレンジ等の厚い）皮
écrasé(e) ....押し潰したもの
écrevisse (f).........ざりがに

écumoire (f) ....あく取り用の杓子
égouttoir (m) ....水切り籠
émincer ....薄く切ること
émulsion (f).........ソースなどを乳化させたもの
épais(e) ....厚い
épi (m) ....穂
épice (f) ....乾燥させた香辛料
épicé ....香辛料のきいた
épicer ....香辛料をきかせる
épicerie (f) ....食料品店
épinard (m).........ホウレンソウ
éplucher ....皮をむく
étouffer ....(家畜を)窒息死させる
étuver ....
少量の水分やだし汁で蒸し煮にする
eau de source (f)....わき水
eau du robinet (f)....水道水
eau gazeuse (f) ...炭酸水
eau minérale (f) ...ミネラル・ウォーター
eau potable (f) .....飲料水
eau (f) ....水
eau-de-vie (f).......ブランデー
effilocher ....ほぐしたもの
emmenthal (m) ....エメンタールチーズ
en croûte ....パイ皮で包んだ
endive (f) ....苦味のある白い野菜
entrée (f)..............アントレ
entrée du jour (f) ....本日のアントレ
entrecôte (f).........牛肉のリブロース
entremets (m)......チーズの後に出す甘いもの
envelopper ....つつむ
escabèche (f) .....揚げた小魚や海老などの酢漬け
escalope panée (f) ......カツレツ
escalope (f) ....肉や魚を薄く切ったもの
escargot (m) ....エスカルゴ
estomac (m) ....胃
estragon (m) ....パセリに似た香りのハーブ
esturgeon (m) ......チョウザメ

F

fabriquer ....製造する
faim (f) ....空腹
faire bouillir.........煮る
faire dorer............こんがり焼く
faire frire ....揚げる
faire la cuisine .....料理する
faire sauter ....炒める
faire un bon repas ....美味しい食事をする
faisan (m) ....キジ

fait-tout (m) ....シチュー鍋
farci(e) ....詰め物をした
farcir ....詰め物をする
farine (f) ....小麦粉
faux-filet (m) ....ロース
fève (f) ....そらまめ
femelle (f) ....メス
fenouil (m) ....
フェンネル、甘い香りのセリ科の植物
feuillantine (f)................
卵と小麦粉でつくった菓子の一種
feuille (f)..............葉
ficelle (f)..............バゲットより細いフランスパン
figue (f) ....イチジクの実
filet de hareng (m) ....
三枚におろして骨を除いたニシン
filet (m) ....ヒレ肉
financier (m)..........アーモンド粉末をいれた焼菓子
flageolet (m) ....薄緑色をした小粒のインゲン豆
flamber ....酒類を加えたのち点火してアル
コール分をとばす調理法
flan (m) ....
カスタードクリームを型に入れて蒸したもの
fleur de sel (f) ......海水が蒸発して塩になるとき、
最初に表面に浮き上がってきた塩
foie gras (m) ....フォアグラ
foie (m) ....レバー
fond (m) ....
骨と野菜を長時間煮込んでつくるだし汁
fond blanc (m) ....牛の骨と香味野菜の基本的だし汁
fond de canard (m) ....鴨の骨のだし汁
fond de veau (m) ....焼いた仔牛の骨のだし汁
fondant ....口の中でさっと溶ける食感のもの
fondu ....
溶かした、柔らかくドロドロにしたの意
fondue (f) ....チーズフォンデュ
forêt noire (f) ....チョコレートを使ったデザート
fort(e)..................濃い
fouet (m) ....泡立て器
four (m)...............オーブン
four à micro-ondes (f)..電子レンジ
fourchette (f) ....フォーク（食器）
fourme d'Ambert (f) ....
オーベルニュ地方の牛乳の青カビチーズ
frais de service (m pl)..サービス料
fraise (f) ....イチゴ
framboise (f) ....エゾイチゴ
frangipane (f)...............
ケーキにのせるアーモンドクリーム

friandise (f) ....お菓子、甘いもの
fricassée (f)..........ルーを使って白く仕上げた料理
frite (f) ....
油で揚げたもの、フライド・ポテト
friture (f)...............揚げ物
froid(e) ....つめたい
fromage à la crème (m) ....クリームチーズ
fromage à pâte dure (m)........硬質チーズ
fromage à pâte molle (m) ....軟質チーズ
fromage blanc (m)..........
発酵させていないフレッシュチーズ
fromage de chèvre (m)........
山羊の乳で作られたチーズ
fromage fondu (m) ....プロセスチーズ
fromage râpé (m) ....粉チーズ
fromage (m)........チーズ
fruit (m) ....くだもの
fruits de mer (m).....シーフード類
fumer ....燻製にする
fumer ....タバコを吸う
fumet de poisson (m) ....
魚と香味野菜でとっただし汁
fût (m) ....樽

G

gâteau (m) ....お菓子
gâteau au chocolat (m).....チョコレートケーキ
gâteau de riz (m) ......お米のデザート
gâteau secs (m)........クッキー
galantine ....
骨を抜いて詰め物をして調理したもの
galette (f) ....
丸い生地に食材をのせた料理、ガレット
galette des rois (f)...........
アーモンドクリーム入りのパイ
ganache (f) ....
チョコレートを入れた生クリーム
garbure (f) ....
ベアルヌ地方の実だくさんのスープ
garniture (f) ....付け合せ野菜
gastronome ....美食家
gastronomie (f) ....食道楽
gésier (m) ....砂肝
gelée (f) ....ゼリー
geler ....こおる
genièvre (m) ....ネズの実。ジンの香りのもと
germe de soja (m) ....もやし
gibier (m) ....野禽獣
gigot (m) ....羊・仔羊などの腿肉

gin (m) ....ジン。蒸留酒
gingembre (m).....しょうが
girolle (f) ....アンズ茸
glaçage (m) ....お菓子に糖衣を着せること
glace de poisson (f) ..魚のだし汁を煮詰めたもの
glace de viande (f) ....肉のだし汁を煮詰めたもの
glace vanille (f) ....ヴァニラのアイスクリーム
glace (f) ....アイスクリーム 、氷
glacé...................
砂糖などを加えてツヤよく煮たもの
glaçon (m) ....氷
glouton / gloutonne ....食いしんぼう
goût (m) ....味、味覚
goûter ....味見する
goûter (m)...........おやつ
gouda (m) ....ゴーダチーズ
gougère (f)...........ブルゴーニュ地方の甘くない菓子
goujonnettes (f) ....
グージョンという淡水魚型にしたフライ
gourmandise (f) ...ご馳走
gourmet (m)........食通
gousse (f) ....一片、分球
grain (m) ....穀物、種子
graine (f) ....種、種子
graisse d'oie (f) ....肥育した鵞鳥の脂肪
graisse (f) ....脂肪
gramme (m) ....グラム
Grand Marnier (m).......オレンジリキュール
grand-mère (f) ....
おばあちゃん、家庭的な仕上げの料理
granité (m) ....
魚料理と肉料理の間に出るシャーベット
grappe (f) ....ぶどうのひと房
gratin (m) ....グラタン
gratiné ....グラタンにした
gratuit(e) ....無料
grec ....ギリシャ風
grenade (f) ....ざくろ
grenadine (f) ....ざくろから作る赤いシロップ
grenouille (f) ....カエル
griller...................（金網で）焼く
griller...................焼く
grog (m)...............温かいラム酒
grondin (m)..........ホウボウ
gros intestin (m)...大腸
gros(se) ....ふとった
grouse d'Ecosse (f) ..えぞ雷鳥
gruyère(m)...........グリュイエールチーズ

H

hachis (m)............ひき肉
hachis parmentier (m) ....
ひき肉とじゃがいもの重ね焼き
hamburger (m).....ハンバーガー
hareng (m)...........ニシン
haricot vert (m) ....インゲンマメ
harissa (m)................
赤とうがらし、にんにく、香辛料のペースト
herbe (f) ....草、ハーブ
herbes de provence (f) ....
プロヴァンス地方の乾燥した数種のハーブ
hermitage ....
コート・デュ・ローヌ地方のワイン産地
homard (m) ....オマール海老
hors-d'oeuvre (m pl) ....オードブル
hors-d'oeuvre variés (m pl) ....
オードブル盛り合わせ
hot-dog (m)..........ホットドック
huître (f)...............牡蠣
huile de noix (f)....クルミ油
huile de sesame (f) ....ゴマ油
huile de tournesol (f)......ヒマワリ油
huile d'olive (f) .....オリーヴオイル
huile (f) ....油
huilier (m) ....酢と油のビン立て
hure (f) ....ゼラチンで固めた冷製料理
hypermarché (m) ......大規模なスーパーマーケット

I

infusion (f) ....ハーブ・ティー、煎じること
infusion (f) (menthe).......ハーブ・ティー（ミント）
infusion (f) (tilleul)......ハーブ・ティー（菩提樹）
infusion (f) (verveine).......
ハーブ・ティー（クマツヅラ）
intestin (m)..........腸

J

jambon cru (m) ....生ハム
jambon persillé (m) ....
ハムのゼリー寄せ、パセリ風味
jambon (m) ....ハム
jambonnette ....
詰め物をして洋梨のような形にしたもの
jarret (m).............すね肉
joue (f) ....ほほ
julienne (f) ....野菜などのせん切り
jus (m) ....
ジュース、素材から出る汁、煮汁

jus d'agneau (m) ....
仔羊の骨と香味野菜でつくるだし汁
jus d'ananas (m)..........パイナップルジュース
jus d'orange (m) ....オレンジジュース
jus d'abricot (m) ....アプリコット・ジュース
jus de pamplemousse (m) ....
グレープフルーツ・ジュース
jus de pomme (m) ....リンゴ・ジュース
jus de raisin (m)...........ぶどうジュース
jus de tomate (m) ....トマトジュース

K

kaki (m)................柿
ketchup (m) ....ケチャップ
kilogramme (m) ...キログラム
kir (m) ....キール
kiwi (m) ....キウイ

L

lactaire (m) ....ベニタケ科のチチタケ
lait chaud (m).......ホットミルク
lait (m) ....ミルク、牛乳
laitue (f) ....レタス
langouste (f) ....伊勢海老
langoustine (f) .....手長海老
langue (f) ....舌
lapin (m) ....ウサギ
lardons (m pl) ......細切りベーコン
laurier (m) ....月桂樹、ローリエ
laver ....洗う
lave-vaisselle (m) ....皿洗い機
léger / légère ....薄い、軽い
légumes (m pl).....野菜
lentille (f) ....レンズ豆
levure (f) ....酵母
libre-service (m)...セルフサービス
lièvre (f) ....野ウサギ
lier ....とろみをつけること
lime (f) ....ライム
limonade (f) ....レモネード
liste d'attente (f)...キャンセル待ち
litchi (m)...............ライチ
lotte (f) ....カワメンタイ
louche (f) ....しゃもじ、お玉
loup (m) ....スズキ
lourd(e)................しつこい、重い

M

mâche (f) ....野ジシャ、サラダ用葉野菜

macaron (m) ....マカロン
macaroni (m) ....マカロニ
macédoine...........マケドニア風
madère (f) ....
ポルトガル産アルコール強化ワイン
madeleine (f) ......マドレーヌ
maïs (m) ....トウモロコシ
maigre (f) ....赤身
maître d'hôtel ......給仕長
maki (m) ....巻物（のり巻き、太巻き）
manger ....食べる
manger à la carte ....一品一品選んで食べる
mangue (f) ....マンゴ
maquereau (m)....サバ
marc (m)....................
ワインを作ったあとのブドウで作る蒸留酒
marcassin (m)......生後3〜6ヶ月未満の仔イノシシ
marché (m)..........市場
marché de poisson (m) ....魚市場
marengo ....マレンゴ風鶏の煮込み料理
margarine (f) ....マーガリン
marinade (f) ....マリネ
mariné(e)............マリネした
marinière (f) ....漁師風
marjolaine (f) ......ほろ苦さのあるハーブ
marmelade (f)......マーマレード
marmite (f)...........両側に取っ手の付いた寸胴鍋
marron (m)...........栗
marronier (m).......栗の木（食用ではない）
mascarpone (m) ..高脂肪の未熟成チーズ
matelote (f) ....川魚の赤ワイン煮
matière (f)............素材
mauvais(e)...........まずい
mayonnaise (f) ...マヨネーズ
médaillon (m).......メダル型
mélange (m) ....混ぜ合わせたもの
melon au porto (m) ....ポルト酒入りメロン
melon (m) ....メロン
menthe à l'eau (f)......ミント・シロップの水割り
menthe (f) ....ミント
menu (m) ....コース、定食
merguez (f)..........羊肉の辛いソーセージ
meringue (f).........卵白で作ったお菓子
merlan (m)...........タラ
merlette (f)...........ツグミ
merlot ....ワインのためのぶどうの種類
merlu (m) ....メルルーサ
meunière (f) ....小麦粉を付けて油脂で焼くこと
miche (f) ....（大型の）丸パン

micro-onde (f) .....電子レンジ
mi-cuit ....ほどよく焼けた
miel (m) ....ハチミツ
mignardise (f) ....
コーヒーとともに出される小菓子
mignonnette (f) ....粗挽きこしょう
mijoter ....とろ火でゆっくりと煮込む
millefeuille (f) ....
パイ生地や薄くしたものを重ねた料理や菓子
mirabelle (f) ....ミラベル
mirepoix (m) ....香味野菜
miroton (m) ....牛肉のグラタン
mixeur (m) ....ミキサー
moelle (f) ....脛の骨の中に入っている骨髄
monter ....
濃度の異なるものを混ぜてとろみや艶を出すこと
monter au beurre ....ソースの仕上げにバター
の香りととろみをつけること
mordre ....噛む
morille (f) ....あみがさ茸
morue (f) ....タラ
mou / molle ....やわらかい
moule (f) ....ムール貝
mousse au chocolat (f)........チョコレートムース
mousse (f) ....ムース
mousseline (f).........生クリーム等を使った軽いソース
mousseron (m) ....ハラタケ
moutarde (f).........マスタード
mouton (m) ....羊
mulet (m) ....ボラ
mûr(e)..................熟した
mûre (f)................黒いちごの実
muscade (f) ....ナツメグ
muscadet (m) ......ロワール地方の辛口白ワイン
muscat (m) ....マスカットワイン
museau (m) ....豚の鼻面肉

N

nage (f) ....ブイヨンで魚介類を調理する方法
nappe (f) ....テーブルクロス
napper ....覆う、かける
navarin (m) ....
肉（本来は羊）と野菜の煮込み料理
navet (m) ....カブ
nectar (m) ....ネクター
nectarine (f) ....ネクタリン
niçoise ....ニース風。トマト、ニンニク、
オリーブ油、バジルなどを使用
Noël (m) ....クリスマス

noisette (f) ....はしばみの実
noix (f) ....くるみ
noix d'acajou (f) ...カシューナッツ
noix de beurre (f) ......くるみ大のバター
noix de coco (f) ...ココナッツの実
nombril (m) ....へそ
nougat (m) ....ヌガー
nouille (f) ....麺、ヌードル
nourriture (f) ....食べ物
nouvelle cuisine (f) ....
1970年代以降流行した軽い料理
noyau (m) ....大きな種

O

odeur (f) ....におい
oeuf à la coque (m) ....半熟卵
oeuf dur (m) ....ゆで卵
oeuf (m) ....タマゴ
oeufs au jambon (m pl) ....ハムエッグ
oeufs brouillés (m) ....いりたまご
oeufs de poisson (m pl) ....魚のたまご
oeufs de saumon (m pl) ....イクラ
oeufs sur le plat (m pl) ....目玉焼き
oie (f) ....ガチョウ
oignon (m) ....タマネギ
oiseau (m) ....鳥
olive (m) ....オリーヴ
olivier (m) ....オリーヴの木
omble chevalier (m).....イワナ
omelette (f) ....オムレツ
omelette au fromage (f) ....チーズ入りオムレツ
omelette nature (f)..プレーンオムレツ
onctueux / onctueuse..なめらかな
onglet (m) ....牛の横隔膜
orange pressée (f) ....オレンジの絞り汁の水割り
orange (f) ....オレンジ
oreille de mer (f).....アワビ
origan (m) ....独特の辛みとほろ苦さがあるハーブ
ormeau (m)..........アワビ
os (m) ....骨
oseille (f) ....すかんぽ。酸味の強いハーブ
oursin (m) ....うに

P

pâte brick (f) ....チュニジア由来の薄いクレープ
pâte brisée (f) ......練り込みパイ生地
pâte (f) ....生地、パスタ
pâtisserie (f)........菓子屋（店）
pâtissier / patissière ....菓子屋（人）

paille (f)................ストロー
pain au chocolat (m)........チョコレート入りパン
pain au lait (m).....ミルクパン
pain aux noix (m)........クルミ入りパン
pain aux raisins (m).......ブドウ入りパン
pain de campagne (m)........田舎風パン
pain de mie (m) ...食パン
pain de seigle (m)........ライ麦パン
pain (m)................パン
palette (f) ....肩甲骨付きの肉、パレット
palmier (m) ....ヤシの木
palourde (f)........アサリ、ハマグリ
pamplemousse (m)........グレープフルーツ
panaché (m).......ビールのレモネード割り
pané(e).............パン粉をつけて揚げた
panier (m)...........カゴ
papaye (f)...........パパイヤ
parfait (m)...........パフェ
parfum (m)...........香り
parmentier ....
ジャガイモ料理やジャガイモをベースとしたソース
parmesan (m)......パルメザンチーズ
passoire (f).........水切りボウル
pastèque (f).........スイカ
pastille (f)............ドロップ
pastis (m)...........アニスの香りのリキュール
patate douce (f)...さつまいも
paté de campagne (m).....田舎風パテ
paupiette (f).........詰め物をして巻いたもの
pêche (f)..............モモ
peau (f)................皮
pelle (f)................フライ返し
perdreau (m)........山ウズラの雛
Perigueux ....トリュフの名産地
Pernod ....
アニスの香りのリキュールの商標名
persil (m) ....パセリ
persillade (f)......................
パセリ、パン粉、ニンニクで調理したもの
petit-déjeuner (m).....朝食
petit-déjeuner complet (m)
.........................コンチネンタル風の朝食
petit pot (m).........小さな壺、容器
petits fours (m)....小さな焼き菓子
petits pois (m pl).......グリンピース
phô (m)..............フォー。ベトナムの麺料理
pièce montée (f)............
お祝い用デコレーションケーキ
pied (m)................足、脚

122

pied de cochon (m) ....豚足
pied de veau (m).......仔牛の脚
pied-de-mouton (m)
................................カノシタ。加熱するとコシのあるキノコ
pieuvre (f) ....タコ
pigeon (m) ....鳩
piment (m) ....とうがらし
pintade (f) ....ほろほろ鳥
piperade (f) ....バスク風オムレツ
piquant(e) ....辛い
pique-nique (m) ...ピクニック
pique-niquer ....ピクニックする
pistache (f) ....ピスタチオ
pistou ....ニンニク、バジリコを潰してオ
リーブ油と混ぜたもの
pizza (m)..............ピザ
planche à couper (f) ....まな板
plante (f) ....植物
plat (m) ....皿、大皿
plat du jour (m) ....本日のメイン料理
plat principal (m) ....メインディッシュ
plat régional (m) .....郷土料理
plateau (m) ....盆、トレー
pleurote (m) ....ヒラタケ
poché (e) ....ワインやだし汁、湯で煮たもの
poêle (f) ....フライパン
poêlé (e) ....フライパンで焼いたもの
poire (f) ....洋梨
poireau (m) ....ネギ
pois (m) ....豆
poisson (m)..........魚
poissonnerie (f) ...魚屋
poitrine (f) ....胸部肉
poivre (m) ....コショウ
poivre blanc (m)...白コショウ
poivre de Cayenne (m) ....カイエンヌ・ペッパー
poivre noir (m) .....黒コショウ
poivre rose (m) ....赤粒コショウ
poivre vert (m) .....緑粒コショウ
poivrière (f) ....コショウ入れ
poivron (m) ....ピーマン
polenta (f) ....ポレンタ
Pomerol ....ボルドー地方の赤ワインの産地
pomme (f) ....リンゴ
pomme de terre (f) ....ジャガイモ
pommes dauphine (f pl) ....ジャガイモのピュ
レとシュー生地を合わせて油で揚げたもの
pommes paille (f).........
ジャガイモを千切りにして油で揚げたもの

porc (m) ....ブタ肉
port (m) ....ポートワイン
porte-serviette (f) ......ナプキン・リング
pot au feu (m) ......肉や野菜の煮込料理
potage (m)...........ポタージュ
potée (f) ....豚肉、キャベツなどのスープ
potiron (m) ....カボチャ
poudre (f)............粉
poularde (f) ....肥育した若い鶏
poule (f) ....めんどり
poulet (m) ....ひなどり
poulpe (m) ....タコ
pourboire (m).......チップ
pourri(e)...............腐った
praline (f) ....プラリーネ
préparer le repas.........食事の支度をする
prendre le déjeuner........昼食をとる
prendre le repas ....食事をする
prendre son petit-déjeuner.........朝食をとる
pressé(e) ....圧搾された、絞った
pression (f) ....生ビール
profiterole (f) ....小型のシュー
profiteroles au chocolat chaud (f pl)
.........................シューのチョコレートがけ
propre ....清潔な
provençal(e) ....南仏の食材で作った料理
prune (f)...............プラム
pruneau (m)........干しスモモ
pudding (m) ....プリン
purée (f)...............ペースト状にしたもの

quatre saisons (f pl) ....四季
quenelle (f)....................
魚や肉のミンチを丸くまとめたもの
quiche (f) ....
パイ生地に食材を入れて焼いたもの

râble (m) ....うさぎの背肉
radis (m) ....ハツカダイコン
radis noir (m) ....皮の黒いダイコン
ragoût (m)...........煮込み料理
raie (f) ....エイ
raifort (m)............西洋ワサビ
raisin (m) ....ブドウ
rascasse (f)..........カサゴ
ratatouille (f)..............
ラタトゥイユ。南仏の野菜料理

ravioli (m)............ラヴィオリ

récolte (f) ....収穫

réfrigérateur (m) ..冷蔵庫

réservation (f) ......予約

reçu (m) ....領収書

recette (f) ....料理法、レシピ

recombinaison génétique (f).....遺伝子組み換え

rein (m) ....腎臓

remuer ....かきまぜる

renverser ....こぼす

repas copieux (m) ....盛りだくさんの食事

repas d'affaires (m) ....仕事上の会食

repas lèger (m) ....かるい食事

repas (m) ....食事

restaurant (m)......レストラン

rhubarbe (f) ....大黄（漢方薬名）

rhum (m).............ラム酒

Ricard ....パスティスの商品名

rillettes (f)............豚、兎、鷲鳥などを柔らかく煮て脂肪の中に保存したもの

rince-doigt (m) .....フィンガーボウル

ris d'agneau (m) ..仔羊の胸腺肉

ris de veau (m)..........
仔牛にだけある乳を消化する酵素の出る内蔵

rissoler ....強く焼き色を付ける

riz cuit (m)............ごはん

riz gluant (m) ......もち米

riz (m) ....米、稲

riz long (m) ....細長い米

riz rond (m) ....短い円形の米

rôtir ....（オーブンで）焼く

rognon (m)...........（牛・羊・豚の）腎臓

romarin (m).........英語ではローズマリー

rondelle (f) ....輪切り

Roquefort (m) .....羊の乳で作る青カビチーズ

roquette (f)...................
ルッコラ。胡麻の風味のサラダ用野菜

rosette (f) ....花びら状

rôtir ....炙る

rouget (m)............赤い魚の総称

rouleau (m) ....巻くこと、巻いたもの

rumsteak (m) ....ラムステーキ

S

sabayon ....
卵黄に少量の水を加えて泡立てたもの

sablé (m) ....サクサクした焼菓子

safran (m)............サフラン

saignant ....ステーキのレア

Saint-Hubert ....
内蔵や血をソースに加えた野鳥獣の料理

salade de saison (f) ....季節のサラダ

salade (f) ....サラダ

salamandre (f) .....上火だけの開放型オーブン

salami (m)...........サラミ

salé(e) ....塩辛い

salière (f) ....塩入れ

salinité (f)............塩分

salle à manger (f) ....食堂

salmis (m) ....
サルミ。野鳥のガラをワインで煮込んだソース

salsifis (m) ....西洋ゴボウ

sandre (m) ....スズキの一種

sandwich (m).......サンドイッチ

sang (m) ....血

sanglier (m) ....イノシシ

sangria (f) ....サングリア

sarcelle (f)...........小カモ

sardine (f) ....イワシ

sarladais ....ジャガイモの薄切りにトリュフのみじん切りを加え焼き上げたもの

sarrasin (m) ....そばの実

sashimi (m)..........さしみ

sauce (f) ....ソース

sauce ailloli (f) ....すりつぶしたニンニク入ソース

sauce Albert (f).......きのことエシャロットに魚のだし汁などを加えたソース

sauce américaine (f) ......
オマールの殻と香味野菜のソース

sauce anglaise (f)........ウスターソース

sauce beannaise (f) ....白ワイン、白ワイン・ヴィネガーをベースにしたソース

sauce bordelaise (f) ....
ボルドー地方の赤ワインを使ったソース

sauce de soja (f) ....しょうゆ

sauce Duglère (f) ....
エシャロット、白ワイン、魚のだし汁のソース

sauce grand veneur (f)........
鹿や猪などの野禽獣の料理に使われるソース

sauce hollandaise (f)...........
卵黄に澄ましバターを加え乳化させたソースのこと

sauce périgourdine (f)...........ソース・ペリグーにフォワグラのピュレを加えたソース

sauce Périgueux (f)............
トリュフのみじん切りを加えたソース

sauce poivrade (f) ......胡椒を効かせたソース

sauce ravigote (f) ....ドレッシング風冷製ソース

sauce sabayon (f)........サバイヨンを使ったソース

sauce vin rouge (f) ....赤ワインソース

sauce vinaigrette (f) ..フレンチドレッシング

saucisse (f) ....ソーセージ (加熱して)

saucisson (m) ......ソーセージ（そのまま）

sauge (f) ....セージ／蓬に似たハーブ

saumon fumé (m) ...スモークサーモン

saumon (m) ....サケ

saumoneau (m) ..サケの稚魚

sauter ....炒める

Sauternes (m) .....
貴腐ブドウでつくるボルドー地方の甘口白ワイン

savarin (m) ....ラム酒をふくませたケーキ

scombrésocidé (m pl)..........秋刀魚

se mettre à table ....食卓につく

sécher ....乾く、干す

sériole (f) ....ブリ

sésame (m) ....胡麻

sec ....乾いたもの

sec / séche ....乾燥した

seiche (f) ....イカ

sel (m) ....塩

selle-d'agneau (m) ....
仔羊の鞍下肉、股の背側上部の肉

semoule (f) ....硬質小麦を挽いたもの

sentir bon ....いい香りがする

serveur (m) ....ウエイター

serveuse (f) ....ウエイトレス

service compris ...サービス料込み

serviette (f) ....ナプキン

simple..................あっさりした

snack (m).............軽食堂

soda (f) ....ソーダ

soirée (f) ....パーティー

soja (m) ....大豆

sole (f) ....ヒラメ

son (m) ....フスマ

sorbet (m) ....シャーベット

soufflé ....
卵白を加えて焼き上げたフワッとしたもの

soupe à l'oignon (f)......オニオンスープ

soupe de poisson (f) ......魚の スープ

soupe miso (f) .....味噌汁

soupe (f) ....スープ

souper (m) ....夜食

sous.....................下

spaghetti (m pl) ...スパゲッティー

steak (m) ....ステーキ

steak frites (m).....ステーキのフライドポテト添え

steak tartare (m).....タルタルステーキ

sucette (f) ....棒つきキャンディー

sucre (m) ....砂糖

sucre filé (m) ......デコレーション用の砂糖の糸

sucré(e) ....甘い

sucrer ....甘味をつける

sucrerie (f) ....菓子

sucrier (m) ....砂糖つぼ

suer ....細かく切った野菜を弱火にかけ
て水分と旨みを出す調理法

supermarché (m) ......スーパーマーケット

supplément (m) ...追加する

sushi (m)..............にぎりずし

T

Taittinger ....ランスにあるシャンパンメーカー

tapenade (m) ......アンチョビー、黒オリーブ、ニ
ンニクなどをすりつぶしたもの

tapioca (m) ....タピオカ

tarama (m)...........タラコでつくったディップ

tartare (f)..............生の素材を香味野菜やドレッシ
ングなどのソースと和えたもの

tarte (f).................タルト

tarte aux fromage blanc (f) ....チーズケーキ

tarte aux pommes (f) ....アップルパイ

tarte Tatin (f)........リンゴを使ったパイ菓子

tartelette (f) ....小型のタルト

tartine (f) ....バターやジャムを塗ったパン

tasse (f) ....カップ

tête de veau (f) ....仔牛の頭

température (f).....温度

tequila (f) ....テキーラ

terrine (f) ....
長方形の陶器の型に食材を入れて調理した前菜

testicule (m).........睾丸

thé (m).................紅茶

thé à la menthe (m)........ミント・ティー

thé au citron (m) ....レモン・ティー

thé au lait (m)............ミルク・ティー

thé en sachet (m) ....ティーバッグ

thé glacé (m) ....アイス・ティー

thé nature (m)......レモンやミルクなしの紅茶

thé vert (m) ....緑茶

théière (f).............ティーポット、きゅうす

thermidor (m) ......大型海老にクリーム系のソース
をかけて焼いたもの

thon (m) ....マグロ

thym (m) ....タイム

tian (m) ....
野菜の薄切りを重ねてグラタン状にしたもの

timbale (m) ....製菓や料理用に使われる型
tire-bouchon (m) ....栓抜き
tisane (f) ....ハーブティー、煎じ薬
toast (m) ....トースト、乾杯
tofu (m) ....豆腐
tomate (f) ....トマト
tomme (f) ....サボワ産のチーズ
tortue (f) ....亀
tranche (f) ....スライス
tripe (f) ....牛の胃を使った料理
trompette de la mort (f).....黒ラッパ茸
truffe (f) ....トリュフ茸
truite (f) ....マス
tuile (f) ....
軽くカーブをつけたせんべい状の生地
turbot (m)............カレイの一種

U

un peu ....すこし
une boîte 1缶
une botte 1束
une bouteille (f) ...フルボトル
une demi-bouteille (f)........ハーフボトル
une demi-douzaine ....半ダース
une douzaine.......1ダース
une pièce............1個
une sachet..........1袋
une tranche ....ひと切れ
ustensiles de cuisine (m pl) ....台所用具

V

vaisselle (f) ....食器
vapeur ....蒸したもの
veau (m) ....仔牛
velouté (m) ....
小麦粉を使って滑らかにしたソースやスープ
vendange (f) ....ブドウの収穫
ver parasite (m) ....寄生虫
vermicelle (m) ....極細のパスタ
vermouth (m) ......ベルモット
verre (m).............コップ
verre gradué (m) ....計量カップ
verveine (f) ....バーベナ／くまつづら
viande (f) ....肉
viande hachée (f)......ひき肉
vichyssoise (f)......ジャガイモの冷製ポタージュ
Viêt-Nam (m).......ベトナム
viennoise (f).........ウィーン風
viennoiserie (f).....お菓子類

vigne (f) ....ブドウの木、ブドウ園
vigneron / vigneronne ....ブドウ栽培者
vin (m) ....ワイン
vin blanc (m)........白ワイン
vin chaud (m) ......ホット・ワイン
vin de pays (m)....地ワイン
vin de table (m) ...テーブルワイン
vin rosé (m) ....ロゼワイン
vin rouge (m) ....赤ワイン
vinaigre (m) ....酢
vinaigrette (f) ....ドレッシング
volaille (f) ....とり肉

W

wagon-restaurant (m)..........食堂車
Wellington ....
牛肉をパイ生地で包んで焼いた料理
whisky (m) ....ウイスキー

X

xeres (m) ....シェリー酒

Y

yaourt (m) ....ヨーグルト

あとがき

フランスに住んでもうじき3年になる。仕事をしながらとはいえ、昨年から通いはじめた大学での美術理論の勉強がメインの日々。宿題に追われて、旅行に出かけることも少なくなり、高価な買い物はほとんどしない。日本にいた頃よりむしろ、質素な、ごくフツウの学生生活を送っている。

そんな私にも、「美食の国」、フランスはその扉を開いてくれる。

近所のパン屋さんのお気に入りのくるみパンや、種類がたくさんありすぎて、いまだにその名前を覚えきれないチーズ（最初はどうしてもダメだった、クセの強いチーズも次第においしくなる！）、それに、体重を気にしつつも、どうしてもやめられないデザートやチョコレートたち。さらには、日本でイメージする「フレンチ」だけではなく、モロッコ料理からレバノン料理まで、パリには世界中の食が集まり、フランス人の食生活にも欠かせない存在となっている。

フランス人たちの普段の生活ぶりを見ると、「やっぱりのん気なラテン系ね（寛容で陽気でルーズ？）」と感じることが多いけれど、「食」に関していえば、彼らの要求はとても厳しくなる。

テレビの料理番組を見ていても、野菜の切り方一つひとつの違いを、熱く語っていたり、友人宅の食卓に招かれれば、七面鳥の一番おいしい調理法について、一家で大議論が交わされていたりもする。

そんな環境だからこそ、パンやチーズなどの身近な食べ物から高級レストランに至るまで、妥協のない、本物の味が生まれるのだと思う。

とはいえ、フランス料理を楽しめるのは、料理通だけではない。フランス料理に特別詳しくない旅行者にだって、そのおいしさと楽しさを十分に享受できる。フランス料理の奥は深いが、間口も広いのだ。「フランス料理」という敷居の高いイメージにまどわされることなく、気軽にフランスの食世界を楽しんでほしい。そうすれば、意外にすんなりとその世界を味わえる。

最後になりましたが、この本を手にとってくれた皆さんが、心から「おいしい」と思えるものに出会えることを願って。そして、再びフランスを訪れたいと思ってくれることを祈って。

宮方由佳

著者◎宮方由佳
（みやかた・ゆか）

ふわふわとしたキャラクターながら、食に対しては人一
倍強い執念を持つ。さらに、パリ在住3年のうちに、「よく
食べ、よくしゃべり、よく飲む」フランス人にもまれ、食へ
の貪欲さと胃袋は日々巨大化。ウエスト回りを気にしつ
つも「どうせ太るなら、おいしいものを」と、開き直ってフ
ランスの食を満喫してもいる。とくに、濃厚なチョコレー
トには目がなく、毎年開催されるチョコレートの祭典「サ
ロン・ドュ・ショコラ」は、パリ生活最大の楽しみ。出版社、
制作会社を経て、01年にフリーランスとして独立。現在
は、パリ大学にて美術を研究する傍ら、ライターほか、通
訳や現地コーディネーターとして活躍。また、03年に創刊
されたタウン情報誌『ピエトン』にも参画し、食やファッ
ションを中心にパリの最新事情に精通している。1972年、
東京都生まれ。

著者メールアドレス: ymiyakata@yahoo.com
『ピエトン』ホームページアドレス: http://trampoline.m.free.fr

イラスト　kuma＊kuma
　　　　　http://k-georg.hp.infoseek.co.jp/

ブック
デザイン　佐伯通昭
　　　　　http://www.knickknack.jp

企画協力　(株)エビデンストラベル
　　　　　http://www.ejbox.com/tabi/et

協力　LAURENT BICHAUD
　　　KYOKO HASHIMOTO
　　　HIROKO UMEDA
　　　YUKIKO MURATA
　　　YUJI SAWABE
　　　ASSOCIATION TRAMPOLINE

ここ以外のどこかへ！
食べる指さし会話帳 ⑥ フランス
2004年 3月 18日 第1刷
2005年 4月 29日 第2刷

著者
宮方由佳

発行者
田村隆英

発行所
エビデンスコーポレーション
株式会社情報センター出版局
東京都新宿区四谷2-1 四谷ビル　〒160-0004
電話03-3358-0231
振替00140-4-46236　URL:http://www.ejbox.com
　　　　　　　　　　E-mail:yubisashi@4jc.co.jp

印刷
萩原印刷株式会社

©2004 Miyakata Yuka
ISBN4-7958-2643-9
落丁本・乱丁本はお取替えいたします。